Englisch für Computerfreunde

Englisch für Computerfreunde

Ein englisch-deutsches Wörterverzeichnis
mit etwa 5800 Einträgen

Zusammengestellt von
Dipl. phil. Horst Görner

Verlag Technik GmbH Berlin

Fachgutachter: Dr. rer. nat. Gerhard Paulin

Eingetragene (registrierte) Warenzeichen sowie Gebrauchsmuster und Patente sind in diesem Wörterverzeichnis nicht ausdrücklich gekennzeichnet. Daraus kann nicht geschlossen werden, daß die betreffenden Bezeichnungen frei sind oder frei verwendet werden können.

Görner, Horst:
Englisch für Computerfreunde : e. engl.-dt. Wörterverzeichnis mit etwa 5800 Einträgen / zsgest. von Horst Görner. – 1. Aufl. – Berlin : Verl. Technik, 1990. – 80 S.
ISBN 3-341-01029-7

ISBN 3-341-01029-7

1. Auflage
© Verlag Technik GmbH Berlin 1990
VT 201 · 4/6171-1 (253)
Printed in Germany
Satz: Verlag Technik GmbH
Druck und buchbinderische Weiterverarbeitung:
Dresdner Druck- und Verlagshaus GmbH
Lektorin: Dipl. phil. *Gitta Koven*
Einbandgestaltung: *Gabriele Schwesinger*
LSV 3007
Bestellnummer: 554 490 9

Vorwort

Informatik-Literatur ist in starkem Maße von Anglizismen bzw. englischen Fachbegriffen durchsetzt. Ihre deutsche Interpretation ist oft schwierig. Dies gilt besonders für diejenigen Computerfreunde, die sich bisher noch nicht so intensiv mit der englischen Fachsprache vertraut machen konnten. An sie wendet sich dieses Wörterverzeichnis, in das in großem Umfang solche Begriffe aufgenommen wurden, deren Kenntnis die Autoren von Informatik-Literatur voraussetzen, die aber dem sprachlich weniger trainierten Leser Schwierigkeiten bereiten. Somit wendet sich diese Arbeit weniger an professionelle Übersetzer und Dolmetscher, sondern vorwiegend an jene, die privat oder beruflich am Rechner tätig sind und bemüht sein müssen, Beschreibungen, Programme, Betriebssysteme und Hinweise verschiedenster Art zu verstehen. Auf grammatikalisches Beiwerk wurde bewußt verzichtet. An dessen Stelle ist eine ganze Anzahl erläuternder Hinweise getreten, die zum Verständnis des Fachwortschatzes beitragen sollen.
Für die Zusammenstellung dieser Wörterliste wurde eine große Anzahl unterschiedlicher Quellen ausgewertet. Fachleute gaben mir wertvolle Hinweise zur Vervollständigung, Korrektur und auch zur Streichung von einzelnen Begriffen. Ihnen danke ich für ihre Mühe und Bereitschaft zur Kooperation. Besonders verpflichtet bin ich den Herren Dr.-Ing. Horst Kasprzik für die Hinweise zur Aufnahme relevanter Termini und Dr. rer. nat. Gerhard Paulin für die Begutachtung des Wortbestandes und die Vorschläge zur Aufstockung des Verzeichnisses.
Mein Dank gilt nicht zuletzt den Mitarbeitern des Lektorats Wörterbücher für die ausgezeichnete verlegerische Betreuung dieses Vorhabens und für die elektronische Erfassung der Kartei.

Horst Görner

Benutzungshinweise

1. Beispiele für die alphabetische Ordnung

automatic repeat function	session layer
auxiliary	set *(Verb)*
~ carry	~ date
~ carry flag	~ margins
~ device	~ priorities
~ register	~ to zero
~ register arithmetic unit	set *(Subst.)*
~ register pointer	~ mode
~ routine	~ of files
availability	setup
available	SF
~ address	SFT
~ space	shade
average *(Verb)*	shaded
average *(Adj.)*	shading
average *(Subst.)*	shadow
~ calculating time	~ mask
~ speed	~-RAM
averaging	~ screen
axiom	shallow

2. Bedeutung der Zeichen und Abkürzungen

( )   absolute (tatsächliche) Adresse = absolute Adresse *oder* tatsächliche Adresse

[ ]   analog[ue] = analog *or* analogue
     [geometrischer] Entwurf = Entwurf *oder* geometrischer Entwurf
     Bus[anforderungs]bestätigung = Busbestätigung *oder* Busanforderungsbestätigung

( )   Diese Klammern enthalten Erklärungen.

Kursiver deutscher Text ohne Klammern beinhaltet Begriffsumschreibungen.

d. h.   das heißt
s.   siehe
s. a.   siehe auch
z. B.   zum Beispiel

A

abbreviation Abkürzung; Kurzzeichen
abort abbrechen *(Befehle)*; unterbrechen *(Abarbeitung von Programmen)*
abort instruction Abbruchbefehl
~ **statement** Abbruchanweisung
absolute absolut
~ **address** absolute (tatsächliche) Adresse
~ **addressing** absolute Adressierung
~ **expression** absoluter Ausdruck
~ **maximum rating** absoluter Grenzwert
~ **symbol** absolutes Symbol
~ **value** Absolutwert, [absoluter] Betrag
ac *s.* 1. alternating current; 2. accumulator
accelerate beschleunigen
accelerated beschleunigt, Kurzzeit..., kurzzeitig
~ **learning program** Kurzzeit-Lernprogramm
accented letter Buchstabe (Zeichen) mit Akzent
accept akzeptieren; annehmen; aufnehmen; verarbeiten *(Datensignal)*
access Zugriff
~ **charges** Zugangsgebühren *(für Anschlüsse an das Telekommunikationsnetz)*
~ **declaration** Zugriffsdeklaration
~ **method** Zugriffsmethode
~ **path** Zugriffsweg
~ **privilege** Zugriffsvorrecht
~ **request** Zugriffsanforderung
~ **right** Zugriffsrecht
~ **time** Zugriffszeit
accessible zugänglich
accidental erasure versehentliches Löschen
accounting center Abrechnungszentrum, zentrale Abrechnungsstelle
accumulator Akkumulator *(aktuelles Arbeitsregister eines Prozessors)*
accuracy Genauigkeit
~ **constraint** Genauigkeitseinschränkung
achieve erreichen
ACK 1. *s.* acknowledge; 2. = acknowledge *(Quittungszeichen in verschiedenen Kodes)*
acknowledge bestätigen; rückmelden; quittieren
acknowledge [positive] Quittung; Rückmeldung
acknowledgement Quittierung
acoustic akustisch
~ **coupler** Akustikkoppler
acquire erfassen *(Texte, Daten)*
acquisition Erfassung *(von Texten, Daten)*
action ausführen, aktivieren
action Anweisung, Einwirkung, Aktion, Eingriff
~ **period** Operationszeit, Funktionszeit
~ **statement** Aktionsanweisung
~ **window** Arbeitsfenster
activate aktivieren; einschalten, in Betrieb nehmen *(z. B. einen Drucker)*
active aktiv
~ **edge** aktive Flanke *(Signalübertragung)*
~ **loop** aktive Schleife *(zur Auswahl des effektivsten Übertragungsweges)*
activity Aktivität
actor Actor
~ **creation** Actor-Erzeugung
actual aktuell; wirklich, tatsächlich *(Adressen)*
~ **instruction** [end]gültiger Befehl
actuate betätigen
adapt anpassen
adapter Adapter, Anschlußeinheit
ADC *s.* 1. add with carry; 2. addition with carry; 3. analogue-to-digital converter
add addieren, hinzufügen, ergänzen
~ **with carry** addieren mit Übertrag
ADD *s.* addition
add carry Additionsübertrag
~ **instruction** Additionsbefehl
~-**on card** Erweiterungskarte
~-**on equipment** Zusatzgerät
~ **statement** Additionsanweisung
~-**subtract flag** Additions-Subtraktions-Flag
~ **time** Additionszeit
adder Addierer, Addierwerk; Adder
addition 1. Addition; 2. Zusatz, Zugabe
~ **with carry** Addition mit Übertrag
additional zusätzlich; erweitert
address adressieren
address Adresse
~ **assignment** Adressenzuweisung
~ **bus** Adreßbus
~ **call** Adressenaufruf
~ **change** Adressenänderung
~ **constant** Adreßkonstante

address

- ~ **conversion** Adressenumwandlung
- ~ **decoding** Adressendekodierung
- ~ **field** Adressenfeld, Adreßfeld
- ~ **file** Adressendatei, Adreßdatei
- ~ **format** Adressenformat, Adreßformat
- ~ **in memory** Adresse im Speicher
- ~ **incrementation** Adreßerhöhung, Adreßfortschaltung
- ~ **interpreter** Adreßinterpreter
- ~ **latch** Adreßspeicher
- ~ **latch enable** Adreßspeicherfreigabe
- ~ **offset** Adreßoffset, Adreßverschiebung
- ~ **order** Adreßbefehl
- ~ **part** Adressenteil, Adreßteil
- ~ **range** Adressenbereich, Adreßbereich
- ~ **register** Adressenregister, Adreßregister
- ~ **selection** Adressenauswahl
- ~ **space** Adreßraum
- ~ **stack** Adressenstapel[register], Adreßkeller, Adreß-Stack
- ~ **substitution** Adressensubstitution
- ~ **track** Adreßspur, Adressenspur
- ~ **unit** Adreßeinheit
- ~ **value** Adreßwert

addressable adressierbar
addressing Adressierung
- ~ **instruction** Adreßbefehl
- ~ **mode** Adressierungsmode, Adressierungsart

adjacent benachbart
adjust justieren, abgleichen
advance voreilen, vorrücken; fortschreiten
advanced PC user fortgeschrittener PC-Nutzer
- ~ **program-to-program communication** fortgeschrittene Programm-zu-Programm-Kommunikation

AF s. auxiliary flag
AI s. artificial intelligence
AIM s. address in memory
ALE s. address latch enable
algebraic algebraisch
algorithm Algorithmus
align ausrichten, justieren
alignment Ausrichtung, Justierung
alike ähnlich
allocate zuordnen, zuweisen; belegen
- ~ **memory** Speicherplatz reservieren; Speicher anfordern
- ~ **pages** Seiten zuweisen

allocated zugeordnet, zugewiesen; belegt
allocation Zuordnung, Zuweisung; Belegung
alphabetic alphabetisch, Alphabet...
- ~ **character** alphabetisches Zeichen, Alphabetzeichen
- ~ **order** alphabetische Reihenfolge

alphanumeric alphanumerisch
- ~ **character** alphanumerisches Zeichen

alter umwandeln, [ab]ändern
alterable [ver]änderbar, abänderbar
alteration Änderung; Wechsel
alternate abwechselnd; veränderlich, variabel
alternating current Wechselstrom
alternative Alternative
- ~ **field** alternatives Feld

ALU s. arithmetic logic unit
ambient temperature Umgebungstemperatur
ambiguity Mehrdeutigkeit
ambiguous file name mehrdeutiger Filename (Dateiname)
amplifier Verstärker; Rechenverstärker
amplify verstärken
amplitude key shifting Amplitudenumtastung
analog[ue] analog, Analog...
- ~ **and digital input-output card** analoge und digitale Eingabe-Ausgabe-Karte
- ~ **computer** Analogrechner
- ~ **input** Analogeingabe; analoge Eingangsgröße
- ~ **output** Analogausgabe, analoge Ausgangsgröße
- ~-**to-digital converter** Analog-Digital-Umsetzer

analyzer analysierendes Programm
AND operation Konjunktion, UND-Verknüpfung
angle Winkel
- ~ **brackets** spitze Klammern

annihilate ausheilen *(Stapelfehler)*
ANS s. artificial neural system
answer [be]antworten
answer Antwort
answering machine Anrufbeantworter
- ~ **machine with recording** Anrufbeantworter mit Aufzeichnung
- ~ **machine without recording** Anrufbeantworter ohne Aufzeichnung

APPC s. advanced program-to-program communication
append anfügen
application Anwendung
~ **handiness** Anwendungsfreundlichkeit
~ **layer** Anwendungsschicht, Applikationsebene *(Schichtenmodell)*
~ **library** Applikationsbibliothek
~**-oriented** anwendungsorientiert
~ **program** Anwenderprogramm, Benutzerprogramm
~ **software** Anwendersoftware
~**-specific** anwendungsspezifisch
~ **spectrum** Anwendungsbreite
applied occurrence definierende Verwendung *(eines Namens)*
approach sich nähern
approximation Näherung
AR s. auxiliary register
ARAV s. auxiliary register arithmetic unit
arbitration phase Belegungs- und Zuordnungsphase
archiver Archiver *(Werkzeug zur Erzeugung und Pflege von Archivfiles)*
area Bereich *(eines Speichers)*
~ **chart** Flächengrafik
arithmetic arithmetisch, Arithmetik..., Rechen...
~ **instruction** Arithmetikbefehl, arithmetischer Befehl
~ **logic unit** Rechenwerk
~ **operation** Rechenoperation
ARP s. auxiliary register pointer
arrange anordnen
~ **in columns** spaltenweise anordnen
array zuordnen
array Feld, Datenfeld, Array; Feldvariable; Matrix
~ **already dimensioned** bereits dimensioniertes Array
~ **logic** Matrixschaltwerk
~ **mode** Array-Mode
~ **tuple** Array-Tupel
~ **type** Array-Typ, Feldtyp
arrow Pfeil
~ **key** Pfeiltaste *(zur Cursorbewegung)*
artificial intelligence künstliche Intelligenz, KI
~ **neural system** künstliches neuronales System *(KI)*
ascending aufsteigend
ASCII = American Standard Code for Information Interchange
ASIC = application specified integrated circuit *(nach Kundenwunsch gefertigter Schaltkreis)*
ask for service Bedienung anfordern
asleep schlafend
assemble 1. assemblieren; 2. montieren
assembler Assembler, Assemblerprogramm, Übersetzungsprogramm
~ **extension word set** Erweiterungswortschatz für Assemblerfunktionen
~ **language** Assemblersprache
~ **list** Assemblerprotokoll
~ **program** s. assembler
~ **routine** s. assembler
assertion Forderung
assign anweisen, zuweisen
assignable belegbar, zuweisbar
assigned go-to [statement] Anweisung für gesetzten Sprung
assignment Zuweisung
~ **symbol** Ergibtzeichen, Ergibtpfeil
asterisk Sternchen *(Zeichen)*
asynchronous asynchron, nicht synchronisiert
~ **operation** asynchrone Arbeitsweise
~ **transmission** asynchrone Übertragung
at-sign Zeichen @
at-symbol Zeichen @
attenuate [ab]schwächen, dämpfen *(Signale)*
attribute Attribut
audible signal akustisches Signal
audit überprüfen
authoring tools Programme (Werkzeuge) für die redaktionelle Bearbeitung *(von Texten)*
automatic repeat function Wiederholungsautomatik
auxiliary Hilfs..., Zusatz...
~ **carry** Hilfsübertrag
~ **carry flag** Hilfsübertragsflag
~ **device** Zusatzgerät, Hilfseinheit
~ **equipment** Peripheriegeräte
~ **flag** Hilfsübertragsflag
~ **register** Hilfsregister
~ **register arithmetic unit** Hilfsregisterrechenwerk
~ **register pointer** Hilfsregisterzeiger
~ **routine** Hilfsprogramm
availability Verfügbarkeit
available verfügbar
~ **address** verfügbare Adresse

available

~ **space** verfügbarer Speicherplatz
average mitteln
average mittel, durchschnittlich
average Mittel, Mittelwert
~ **calculating time** mittlere Rechenzeit
~ **information content** mittlerer Informationsgehalt
~ **speed** Durchschnittsgeschwindigkeit
averaging Mittelwertbildung
axiom Axiom

B

back Rückseite
~-**surface removal** Entfernung der Rückseiten
background Hintergrund
~ **colour** Hintergrundfarbe
~ **printing** Hintergrunddrucken
~ **process** Hintergrundprozeß
~ **processing** Hintergrundverarbeitung
~ **program** Hintergrundprogramm
backing memory Hintergrundspeicher, externer Speicher, Externspeicher
~ **store** s. backing memory
backlight Hintergrundbeleuchtung
backslash Backslash, inverser *(nach hinten gerichteter)* Schrägstrich
backspace Rückschritt, Rückwärtsschritt *(Formatsteuerzeichen oder ein konkreter Schritt zurück)*
~ **key** Rücktaste
backtracking 1. Zurücksetzen *(einen rekursiven Algorithmus)*, Rücksetzen; Rückwärtsschritt; 2. Backtrakking *(KI-Suchstrategie, die in der Lage ist, neue Wege zu beschreiten, wenn eine Lösung des Problems nicht erreichbar ist)*
backup 1. Sicherung, Sicherstellung *(von Daten)*; 2. Sicherungskopie
~ **copy** Sicherungskopie
~ **file** Sicherungsdatei
~ **software** Backup-Software *(zur Datensicherung)*
backward chaining Rückwärtsverkettung *(Suchstrategie)*
bad schlecht; fehlerhaft; falsch
~ **file mode** fehlerhafter Filemodus
~ **file name** falscher Dateiname
~ **file number** falsche Dateinummer

~ **record number** falsche Datensatznummer
~ **sector** unzulässiger (falscher) Sektor *(einer Diskette)*
band width Bandbreite
bar chart Balkengrafik
~-**code printer** Barkodedrucker, Balkenkodedrucker
barriers to entry Marktzutrittsschranken
base Basis, Basiszahl, Anfangswert
~ **address** Grundadresse, Bezugsadresse
~ **register** Bezugsregister, Indexregister
~ **type** Grundtyp
based basisbezogen
basic character Basiszeichen
~ **disk operating system** Basis-Plattenbetriebssystem *(CP/M-Betriebssystem zur Regelung des Disketten- und Konsolenzugriffs)*
~ **external function** externe Standardfunktion
~ **field descriptor** einfache Datenfeldbeschreibung, einfache Formatangabe
~ **format** Grundformat
~ **group** einfache Gruppe, Basisgruppe
~ **hardware** Grundausrüstung *(an Hardware)*
~ **input-output system** Basis-Eingabe-Ausgabe-System *(CP/M-Betriebssystem zur Regelung hardwarespezifischer Funktionen)*
~ **instruction** Grundbefehl
~ **instruction set** grundsätzlicher Befehlssatz, Grundmenge von Befehlen, Grundmenge des Befehlsvorrats, Basisbefehlssatz
~ **interrupt** einfache Unterbrechung
~ **I/O system** s. basic input-output system
~ **line distance** Grundzeilenabstand
~ **number** Grundzahl
~ **operating system** Basisbetriebssystem *(Grundausstattung eines Betriebssystems)*
~ **programming support** Basis-Programmierunterstützung
~ **real constant** einfache reelle (reellwertige) Konstante
~ **sequential access method** einfache sequentielle Zugriffsart

block

- **services** Basisdienste
- **stacked job processing** einfache Stapelverarbeitung, einfache kellerorganisierte Jobverarbeitung
- **symbol** Grundsymbol, Basissymbol
- **statement** Grundanweisung
- **telecommunication access method** einfache Zugriffsmethode bei Datenfernverarbeitung, BTAM
- **utilities** Basisdienstprogramme

batch stapelweise (schubweise) verarbeiten

batch Stapel; Block; Satz
- **file** Stapel[verarbeitungs]datei, Batch-File
- **mode** Stapelverarbeitung; Stapelbetrieb
- **numbering** Stapelnumerierung
- **processing** schubweise (stapelweise) Verarbeitung, Schubverarbeitung, Stapelverarbeitung
- **total** Zwischensumme

battery-driven batteriebetrieben
~-operated batteriebetrieben
baud Baud *(Einheit der Übertragungsgeschwindigkeit von Signalen)*
- **rate** Baudrate *(Anzahl der Bits je Sekunde, mit der Daten übertragen werden)*
- **rate generator** Baudratengenerator

BCC s. block check character
BCD s. binary-coded decimals
~-code BCD-Kode
~-translation BCD-Umwandlung
BCS s. block check sequence
BDOS s. basic disk operating system
beep Piep-Ton *(akustisches Signal)*
begin beginnen, anfangen, starten
behaviour Verhalten
- **replacement** Verhaltensänderung

BEL Bell, Warnzeichen *(Steuerzeichen für akustische Signale)*
belt drive plotter Flachbandplotter
benchmark program Bewertungsprogramm
BER s. bit error rate
best-first search Bestensuche *(KI)*
- **fit** Strategie 1 *(Speicherzuteilung bei DOS)*

bias vorspannen
bias Vorspannung
bill of materials Stückliste, Materialliste *(Programm zur Lagerhaltung und -verwaltung)*
binary binär

- **code** Binärkode
- **~-coded** binär kodiert
- **~-coded decimals** binär kodiertes Dezimalsystem
- **~-decimal** dual-dezimal
- **digit** Binärziffer, Bit
- **dump** binärer Speicherauszug
- **integer** ganze Binärzahl
- **interface** binäre Schnittstelle
- **notation** Binärschreibweise, Binärdarstellung, binäre Zahlendarstellung
- **number** Binärzahl
- **number system** binäres Zahlensystem
- **operator** binärer Operator
- **search** binäres Suchen, binärer Suchprozeß
- **word** Binärwort

binding rule Bindungsregel
BIOS s. basic input-output system
biquinary biquinär, Biquinär...
- **code** Biquinärkode
- **~-coded** biquinärverschlüsselt

bit Bit
- **addressing** Bitadressierung
- **density** Bitdichte
- **error rate** Bit-Fehlerrate
- **field** Bitfeld
- **instruction** Bitbefehl
- **location** Bitstelle, Bitposition
- **~-mapped graphic** pixelorientierte (bitbezogene) Grafik
- **~-parallel** bitparallel
- **pattern** Bitmuster, Bitstruktur
- **~-serial process data highway interface system** bitserielles Prozeßbus-Schnittstellensystem
- **string** Bitkette

bits per inch Bits je Zoll
- **per second** Bits je Sekunde

bitwise bitweise
BIU s. bus interface unit
black 1. schwarz; 2. fett *(Schrift)*
blank austasten, dunkeltasten
blank Leerstelle, Leerzeichen; Zwischenraum
- **address** Leeradresse
- **character** Leerzeichen
- **line** Leerzeile

blanking Austasten, Dunkeltasten
blemish Speicherfehler
block blockieren, sperren
block Block, Datenblock
- **address** Blockadresse

block

- ~ **check character** Blockprüfzeichen; Sicherungszeichen
- ~ **check sequence** Folge von Blockprüfbits
- ~ **device** blockorientiertes Gerät, Gerät mit blockbasierten Zugriffen
- ~-**device driver** blockorientierter Schnittstellentreiber
- ~ **diagram** Blockschaltbild, Blockdiagramm, Ablaufdiagramm
- ~ **header** Blockvorsatz, Blockvorspann, Blockkopf
- ~ **length** Blocklänge
- ~ **length descriptor** Blocklängenangabe
- ~ **marker** Blockmarkierungszeichen
- ~-**oriented** blockorientiert
- ~ **search instruction** Blocksuchbefehl
- ~ **sort** Blocksortierung, blockweise Sortierung, Magnetbandsortierung
- ~ **transfer** Blockübertragung

blocking Blocken
blocks per screen Blöcke je Screen
blow up vergrößern
blowup Vergrößerung
blue blau
board Leiterplatte, Platine
body Rumpf
bold fett *(Schrift)*
- ~ **condensed** schmalfett, schmalhalbfett *(Schrift)*
- ~ **extended** breitfett *(Schrift)*
- ~ **italic** kursiv fett *(Schrift)*
- ~ **outline** fett licht *(Schrift)*

boost verstärken *(Signale)*
boot [up] ursprünglich laden, hochfahren, booten *(Computer)*
boot disk Urladerdiskette, Anfangsladediskette
- ~ **record** Urladereintrag, Boot-Record
- ~ **sector** Urladersektor
- ~-**up capable unit** bootfähige Einheit

bootstrap urladen
bootstrap program Urladerroutine, Bootstrap-Programm
bootstrapping Bootstrapping
border Rand, Einfassung
borrow 1. Borgen *(negativer Übertrag)*; 2. Borger *(an Stelle des Übertrags bei Subtraktion)*
bottom Boden, Unterseite
- ~-**up inference** von unten nach oben gerichtete Ableitung (Herleitung) *(KI)*
- ~-**up programming** Bottom-up-Programmentwicklung, von unten nach

oben gerichtete Programmierung
bound reference Grenzadresse
boundary representation Randdarstellung
BPI, bpi *s.* bits per inch
BPS, bps *s.* bits per second
brace geschweifte Klammer
bracket [eckige] Klammer
branch verzweigen
- ~ **if equal** verzweige falls gleich
- ~ **if minus** verzweige falls negativ
- ~ **if not equal** verzweige falls ungleich
- ~ **if plus** verzweige falls positiv

branch Verzweigung, Programmverzweigung
- ~ **highway** Branch-Highway
- ~ **instruction** Verzweigungsbefehl, Sprungbefehl
- ~ **target cache** Sprungzielcache

branching Verzweigung, Verzweigen
breadth-first breitenorientiert
breadth-first Breite-zuerst *(KI)*
- ~ **search** Breite-zuerst-Suche *(Suchstrategie: alle möglichen Regeln werden ausgewertet, bevor im Entscheidungsbaum weitergegangen wird)*

break unterbrechen, abbrechen *(z. B. ein laufendes Programm)*
break Unterbrechung
- ~ **address** Unterbrechungsadresse
- ~ **flag** Abbruchflag

breakpoint Unterbrechungspunkt, Haltepunkt, Programmstopp
- ~ **instruction** Haltebefehl, Stoppbefehl, Programmstoppbefehl

bridge Brücke *(zum Filtern und Übertragen von Datenpaketen)*
briefcase Aktentaschencomputer, Reisecomputer
bright hell
brightness Helligkeit
broken line gestrichelte Linie
brown braun
BS *s.* back space
BSAM *s.* basic sequential access method
BTAM *s.* basic telecommunication access method
bucket Speicherplatz; Listenelement
buffer puffern, zwischenspeichern
buffer Puffer, Zwischenspeicher
- ~ **address** Pufferadresse
- ~ **management** Pufferspeicherverwaltung

~ **memory** Pufferspeicher
~ **size** Puffergröße
buffered gepuffert
~ **write through** gepuffertes ständiges Schreiben
buffering Pufferung, Zwischenspeicherung
bufferless ungepuffert
bug [logischer] Fehler, Programmfehler
build up [sich] aufbauen, generieren (z. B. Menüs)
bulk storage Massenspeicher
~ **transfer** Übertragung großer Datenmengen
buried vergraben, verdeckt
bursty traffic unregelmäßiger, stoßweise auftretender Verkehr (Datenkommunikation)
bury vergraben, verdecken
bus Bus (Sammelleitung)
~ **acknowledge** Bus[anforderungs]bestätigung
~ **driver** Bustreiber
~ **enable** Busfreigabe
~ **enable signal** Busfreigabesignal
~ **interface** Busschnittstelle
~ **interface unit** Businterfaceeinheit, Busschnittstellenbaustein
~ **lock indication** Busbesetztsignal
~ **plug connection** Bussteckverbindung
~ **rear panel** Busrückwand
~ **request** Bus[zuweisungs]anforderung
~ **unit** Buseinheit
business forms Geschäftsvordrucke
~ **letter** Geschäftsbrief
busy besetzt, belegt
byte Byte (= 8 Bits oder 2 Nibbles)
~-**oriented** byteorientiert
~-**parallel** byteparallel
~-**serial** byteseriell
~ **string** Bytekette
bytes in last record Anzahl der Bytes im letzten Satz
~ **per buffer** Bytes je Blockpuffer

C

c s. carry
c-flag s. carry flag
cabletex Kabeltext
CAC s. computer-aided consulting

cache s. cache memory
~ **buffer** interner Speicher
~ **flushing** Cache-Räumen
~ **hit** Trefferrate
~ **memory** Cache, Cache-Speicher, Cache-Memory
CAD s. computer-aided design
~ **application software** CAD-Anwendungssoftware
CAE s. computer-aided engineering
CAI s. computer-assisted instruction
CAL s. computer-assisted learning
calculating speed Rechengeschwindigkeit
call aufrufen (Programme); anfordern (Daten)
call Aufruf (von Programmen); Anforderung (von Daten); Anruf
~ **by name** Namen[s]aufruf, Aufruf über den Namen
~ **by reference** Aufruf über einen Zeiger, Aufruf über eine Adresse
~ **by result** Ergebniswertaufruf
~ **by value** Wertaufruf, Aufruf über den Wert
~ **diversion** Anrufweiterschaltung
~ **instruction** Aufrufbefehl
~ **procedure** Aufrufverfahren
~ **statement** Aufrufanweisung
calling Abrufen, Aufrufen (von Programmen); Anfordern (von Daten)
~ **sequence** Abruffolge, Aufrufsequenz
CAM s. 1. computer-aided manufacturing; 2. content addressable memory
CAMAC s. computer-aided measurement and control
camera-ready reprofähig
cancel annullieren; löschen
cancel statement Annullieranweisung
cancellation Annullierung
cannot kann nicht, kann kein ...
~ **close** (eine Ausgabedatei) kann nicht geschlossen werden
~ **divide by zero** durch Null kann nicht geteilt werden (Fehlermeldung)
~ **find CATCH for ...** CATCH-Marke für ... nicht gefunden (Fehlermeldung)
~ **find label** Marke (Symbol) nicht gefunden (Fehlermeldung)
~ **find symbol** s. cannot find label
~ **read protected cassette files** geschütztes Kassettenfile kann nicht gelesen werden

CAP

CAP s. 1. computer-aided planning; 2. computer-aided publishing
caps lock Verriegelungstaste
capture scannen, abtasten
CAQ s. computer-aided quality
CAR 1. s. computer-aided retrieval; 2. = computer-aided roboting
carbon typewriter ribbon Karbonfarbband
~ **typewriter ribbon cartridge** Karbonfarbbandkassette
card Karte
~ **file** Lochkartenfile
~ **reader** Kartenleser, Lochkartenleser
~ **stacker** Ablage, Kartenablage, Lochkartenablage
~ **verifier** Kartenprüfer, Lochkartenprüfer
carriage return Wagenrücklauf
~ **return and line feed** Wagenrücklauf mit Zeilenvorschub
~ **return character** Wagenrücklaufzeichen
carry übertragen
carry *(positiver)* Übertrag
~ **bit** Übertragsbit
~ **flag** Carry-Flag, C-Flag, Übertragsflag
~ **flag status** Status des Übertragsflags
cartridge Kassette, Cartridge
CAS s. column address strobe
CASE s. 1. computer-aided software engineering; 2. common application service element
case action Selektionsanweisung
~ **label** Case-Marke
CAST s. computer-aided software testing
CAT s. computer-aided typography
catalogue katalogisieren
catalogue Katalog
~ **memory** Katalogspeicher
~ **volume** Katalogdatenträger
catenation Verkettung
cathode-ray tube Katodenstrahlröhre
cause verursachen *(Fehler)*
CAV s. constant angular velocity
~ **technology** CAV-Technologie
CBX s. computerized branch exchange
CCB s. command control block
CCD s. charge-coupled device
CCM s. charge-coupled memory
CCP = console command processor *(CP/M-Betriebssystem, Interpreter der Kommandozeile)*
CCU s. common control unit
CD 1. s. compact disk; 2. s. computer display; 3. = change directory *(Betriebssystembefehl)*
CD-ROM-extension CD-ROM-Erweiterung
CE s. chip enable
cell Zelle; Speicherzelle
~ **array** Zellmatrix
~ **data** Zellendaten
~ **drive** Zellenträgerantrieb
~ **matrix** Zellmatrix
cellular radio Zellularfunk *(drahtlose Mobilkommunikation)*
central zentral, Zentral...
~ **data processor** Zentraleinheit
~ **processing unit** Zentraleinheit, zentrale Verarbeitungseinheit
~ **station** Leitstation
~ **switching network** zentrales Verteilernetz
centralized data management zentrale (zentralisierte) Datenverwaltung
centre zentrieren *(Textzeilen)*
CEP s. connection endpoint
certify beglaubigen
CF s. carry flag
CFA s. code field address
CGA s. colour graphics adapter
chain verketten
chain Kette
~ **printer** Kettendrucker
chained verkettet *(Adressierung)*
change ändern
~ **colours** Farben ändern
~ **current directory** das aktuelle Verzeichnis wechseln
~ **directory entry** den Dateinamen ändern
channel Kanal
~ **capacity** Kanalkapazität
~ **identification** Kanalkennzeichen
~ **number** Kanalnummer
chapter heading Kapitelüberschrift *(DTP)*
char s. character
character Zeichen, Schriftzeichen, Symbol
~ **code** Zeichenkode
~ **density** Zeichendichte
~ **device** zeichenorientiertes E/A-Gerät, Gerät mit zeichenbasierten Zugriffen
~-**oriented** zeichenorientiert

~ **printer** Zeichendrucker
~ **reader** Klarschriftleser, Zeichenleser
~ **recognition** Zeichenerkennung
~ **repertoire** Zeichenvorrat, Zeichensatz
~ **set** Zeichenvorrat, Zeichensatz; Alphabet
~ **subset** Zeichenuntermenge, Zeichenteilmenge
~ **type** Zeichentyp
characteristic Charakteristik, Kennlinie; Kennziffer
characters per line Zeichen je Zeile
~ **per second** Zeichen je Sekunde
charge aufladen
charge Ladung
~-**coupled** ladungsgekoppelt
~-**coupled device** ladungsgekoppeltes Element
~-**coupled memory** CCD-Speicher
cheap billig
check prüfen; kontrollieren
check Prüfung; Kontrolle
~ **bit** Prüfbit, Paritätsbit
~ **character** Prüfzeichen
~ **digit** Prüfziffer
~ **program** Prüfprogramm
~ **reset** Löschen der Prüfanzeige
checking Prüfen; Kontrollieren
~ **device** Kartenprüfer
~ **function** Prüffunktion *(für Karten)*
~ **routine** Prüfprogramm
child Unterprogramm
chip Chip *(monolithischer Mikrobaustein)*
~ **enable** Bausteinfreigabe, Chipfreigabe
~-**enable input** Chip-Enable-Eingang, Chipfreigabeeingang
~ **select** Bausteinauswahl, Chipauswahl
~-**select input** Chip-Select-Eingang, Chipauswahleingang
chop abschneiden
CIM *s.* 1. computer input microfilming; 2. computer-integrated manufacturing
CIP *s.* computer-integrated business
circle Kreis
circuit Schaltkreis; Schaltung
~ **switching** Leitungsvermittlung
CISC *s.* complex instruction set computer
citizen band Bürgerfrequenz *(privater Nahbereichsfunk)*

class Klasse
clear freigeben; löschen *(Register)*
~ **screen** den Bildschirm löschen
click *(mit der Maus)* anklicken
client Anwendung
clip clippen
clipboard Ablage
clipping Klippen; Begrenzung *(von Objekten, die aus dem Window oder Viewport hinausragen und abgeschnitten werden können)*
clock Takt; Taktgeber
~ **cycle** Taktzyklus
~ **cycle time** Taktzykluszeit
~ **fall** Taktabfall
~ **fall time** Taktabfallzeit
~ **generator** Taktgeber
~ **pulse** Taktimpuls
~ **pulse width** Taktimpulsbreite
~ **rise** Taktanstieg
~ **rise time** Taktanstiegszeit
~ **track** Taktspur
close schließen
~ **a file** eine Datei [ab]schließen
close function Schließfunktion
~ **statement** Abschlußanweisung
closed file abgeschlossenes File
~-**shop processing** Schalterbetrieb
~ **subroutine** abgeschlossenes Unterprogramm
~ **user group** geschlossene Benutzergruppe *(Dienst für Teilnehmer mit besonderen Zugangsberechtigung)*
~-**world assumption** Voraussetzung der abgeschlossenen Welt *(KI)*
cluster Gruppe; Cluster *(kleinste Einheit zusammenhängender Sektoren)*
~ **number field** Clusternummernfeld
CLV = constant linear velocity
CLV technology CLV-Technologie
coax[ial] cable Koaxialkabel
code kodieren, verschlüsseln
code Kode, Schlüssel
~ **field** Kodefeld
~ **field address** Kodefeldadresse
~ **page** Kodeseite *(zur Definition nationaler Zeichensätze)*
~ **protection** Kodesicherung
~ **reusability** Wiederverwendbarkeit des Kodes
~ **segment register** Kodesegmentregister
coded decimal notation kodierte Dezimalschreibweise
coder *(abwertend für)* Programmierer

coding

coding Kodierung
~ **error** Kodierungsfehler
coincidence Koinzidenz
collate mischen; abgleichen
collator 1. Mischer, Kartenmischer; 2. Mischprogramm
collect erfassen; sammeln
colon Doppelpunkt
~ **definition** Doppelpunktdefinition
colour Farbe
~ **capability** Farbtüchtigkeit *(von Bildschirmen)*
~ **display** Farbanzeige, Farbbildschirm
~ **don't care register** Farbe-ignorieren-Register
~ **graphics adapter** Farbgrafikadapter
~ **graphics screen** Bildschirm für Farbgrafik
~ **ink** Farbtinte
~ **monitor** Farbmonitor
~ **personal computer** Farb-PC
~ **printer** Farbdrucker
~ **screen** Farbbildschirm
~ **video graphics display** Bildschirm für grafische Farbanzeige
column Spalte
~ **address** Spaltenadresse
~ **address strobe** Spaltenadreßtakt
~ **balancing** Spaltenausgleich
~ **indicator** Spaltenanzeiger
~ **select knob** Spaltenwählknopf
~ **width** Spaltenbreite
COM *s.* computer output microfilming
comma-separated value durch Komma getrennter Wert
command anweisen, Befehle erteilen
command Befehl, Anweisung *(s. a. unter* instruction*)*
~ **code** Befehlskode, Befehlswort
~ **control block** Befehlssteuerblock
~-**controlled** befehlsgesteuert
~ **file** Befehlsdatei
~ **format** Befehlsformat
~ **interpreter** Befehlsinterpreter
~ **language** Kommandosprache
~ **line** Kommandoleitung
~ **menu** Befehlsmenü
~ **prompt** Systemanfrage, Kommandoanfrage
~ **string** Kommandostring, Kommandofolge
~ **tail** Befehlsanhang
~ **too long** Befehl zu lang *(Fehlermeldung)*
comment Kommentar, Bemerkung

~ **line** Kommentarzeile, Bemerkungszeile
common allgemein; einheitlich, gemeinsam
~ **application service element** allgemein verwendbares Dienstelement
~ **control unit** gemeinsame Steuereinheit
~ **language** einheitliche Maschinensprache
~ **logarithm** dekadischer Logarithmus
communication Kommunikation, Informationsaustausch
~ **area** Verständigungsbereich
~ **line** Informationsleitung, Verbindungsleitung
~ **network** Verbindungsnetz
~ **path** Verbindungspfad
compact 1. kompakt, dicht; 2. kompakt *(Schrift)*
~ **design** kompakte Bauweise
~ **disk** Kompaktdisk, Kompaktspeicherplatte
company Firma, Betrieb
comparator Komparator, Vergleicher
compare vergleichen
comparison Vergleich
compatible kompatibel
~ **interface** kompatible Schnittstelle
~ **modular memory** kompatibler Speicherbaustein
compilation Kompilierung, Kompilation, Übersetzung
~ **address** Kompilationsadresse
~ **order** Kompilationsanweisung
compile kompilieren, übersetzen; zusammentragen
compiler Compiler, Kompilierer, Übersetzer
~ **language** Compilersprache
~ **layer** Compilerebene
compiling program Übersetzungsprogramm
complement komplementieren, ergänzen
complement Komplement
~ **storage** Komplementspeicher
complete vervollständigen, komplettieren
completion code Fertigstellungskode, Abschlußkode
complex komplex
~ **instruction set computer** Computer mit komplexem Befehlssatz

compose 1. zusammensetzen; 2. setzen *(Texte)*
composed page umbrochene Seite *(DTP)*
composition package Umbruchprogramm *(DTP)*
~ **software** Umbruchsoftware *(DTP)*
compound zusammengesetzt, Verbund...
computation circuit Rechenschaltung
~ **program** Rechenprogramm
computed go-to statement errechnete Sprunganweisung
computer Computer, Rechner
~-**aided** rechnergestützt, rechnerunterstützt, computergestützt, computerunterstützt
~-**aided consulting** rechnergestützte Beratung
~-**aided design** computergestütztes Entwerfen (Konstruieren)
~-**aided engineering** computerunterstützte Fertigungsvorbereitung
~-**aided manufacturing** Rechnereinsatz in der Arbeitsvorbereitung, Produktion und Produktionsüberwachung
~-**aided measurement and control** rechnergestützte Messung und Steuerung (Regelung)
~-**aided planning** computerunterstützte Fertigungsplanung
~-**aided publishing** rechnergestütztes (computergestütztes) Publizieren
~-**aided quality** computerunterstützte Qualitätskontrolle
~-**aided retrieval** computerunterstützter Zugriff auf Informationen
~-**aided software engineering** rechnergestützte Programmfertigung
~-**aided software testing** rechnergestützte Softwareprüfung
~-**aided typography** rechnergestützte Typographie
~-**assisted instruction** computerunterstützte Unterweisung
~-**assisted learning** computerunterstütztes Lernen
~-**assisted training** computerunterstützte Ausbildung
~-**controlled** computergesteuert, rechnergesteuert
~-**dependent** rechnerabhängig
~ **display** Sichtgerät *(für Computer)*
~ **family** Rechnerfamilie
~ **game** Computerspiel
~ **graphics** grafische Datenverarbeitung
~ **graphics interface** Computergrafikinterface
~ **graphics metafile** *ISO-Standard für ein Dateiformat zur Archivierung grafischer Informationen in einem Metafile*
~-**independent** rechnerunabhängig
~ **input microfilming** direktes Einlesen von auf Mikrofilm gespeicherten Informationen in den Computer
~-**integrated business** computergestütztes Geschäft[swesen]
~-**integrated manufacturing** computerintegrierte Produktion
~ **interconnection** Rechnerkopplung
~ **intruder** Hacker
~ **language** Maschinensprache
~ **module** Rechnermodul
~-**operated** computergesteuert, rechnergesteuert
~ **output microfilming** direkte Aufzeichnung von Computerinformationen auf Mikrofilm
~ **program** Rechnerprogramm
~ **run** Rechnerlauf
~ **science** Informatik
~-**stored** computergespeichert, rechnergespeichert
~ **typesetting** computergesteuerter (rechnergesteuerter) Satz, Computersatz *(Typografie)*
~ **unit** Rechenwerk
computerization Rechnerunterstützung
computerized rechnergestützt, computergestützt; computergerecht
~ **branch exchange** rechnergestützte Nebenstellenanlage
~ **private branch exchange** programmgesteuerte private Nebenstellenanlage
computing Rechnen
~ **speed** Rechengeschwindigkeit
~ **time** Rechenzeit
concatenation Ketten
concept Begriff
concurrency Nebenläufigkeit
condensed 1. verdichtet; 2. eng *(Schrift)*
condition Bedingung
~ **code** Ergebniskode, Bedingungskode

conditional

conditional bedingt
- ~ **code** bedingter Kode
- ~ **entry call** bedingter Prozeduraufruf, bedingter Aufruf
- ~ **instruction** bedingter Befehl
- ~ **jump** bedingter Sprung
- ~ **jump instruction** bedingter Sprungbefehl

configuration file Konfigurationsfile
conflict set Konfliktmenge *(KI)*
congestion Verstopfung *(der Verbindungswege bei Überlastung)*
- ~ **control** Verstopfungskontrolle, Überlastungskontrolle *(bei vermaschten Netzen)*

conjunction Konjunktion, UND-Verknüpfung
connect verbinden
connectable [to] anschließbar [an]
connection Verbindung
- ~ **endpoint** Verbindungsendpunkt
- ~ **graph** Klauselgraph *(KI)*
- ~**-oriented** verbindungsorientiert *(Dienste)*

connectionless verbindungslos *(Dienste)*
connector Verbindungsstecker, Anschlußstelle
consecutive fortlaufend
console 1. Tastatur; 2. Bedienpult, Konsole
- ~ **input** Terminaleingabe
- ~ **output** Terminalausgabe

constant konstant
- ~ **angular velocity** konstante Winkelgeschwindigkeit *(der Diskette)*
- ~ **coder** Konstantenkodierer
- ~ **value** konstanter Wert

constrained eingeschränkt
constraint Einschränkung
construct erstellen; erzeugen; aufbauen
constructive solid geometry konstruktive Festkörpergeometrie
constructor Konstruktor-Funktion
consume verbrauchen
content Inhalt *(z. B. eines Speichers)*
- ~**-addressable memory** inhaltsadressierbarer Speicher

contestable anfechtbar
context clause Kontextklausel
- ~**-dependent language** kontextabhängige Sprache
- ~**-free** kontextfrei *(Grammatik)*

continue fortsetzen

continuous blank paper Endlos-Blankopapiere *(für Drucker)*
- ~ **copying paper** Endlos-Durchschreibsätze *(für Drucker)*
- ~ **forms** Endlospapier *(für Drucker)*

control steuern; regeln; kontrollieren
control Steuerung; Regelung; Kontrolle
- ~ **block** Steuerblock
- ~ **bus** Steuerbus
- ~ **character** Steuerzeichen
- ~ **command** Steuerbefehl
- ~ **console** Steuerpult, Bedien[ungs]pult
- ~ **counter** Befehlszähler, Befehlsaufrufregister
- ~ **desk** Steuerpult, Bedien[ungs]pult
- ~ **instruction** Steuerbefehl
- ~ **key** Funktionstaste
- ~ **order** Steuerbefehl
- ~ **program** Steuerprogramm
- ~ **register** Steuerregister, Befehlsregister
- ~ **stack** Steuerkeller
- ~ **statement** Steueranweisung
- ~ **unit** Steuerwerk, Leitwerk
- ~ **word** Steuerwort

controlled reference word set kontrollierter Referenzwortschatz
- ~ **system** Regelstrecke
- ~ **variable** Regelgröße

controller Steuereinheit, Steuerwerk, Regler
conventional memory konventioneller Speicher
conversational mode Dialogbetrieb
conversion Konvertierung, Konversion, Umwandlung
- ~ **function** Umwandlungsfunktion
- ~ **key** Konvertierungsschlüssel
- ~ **program** Konvertierungsprogramm
- ~ **routine** Umwandlungsroutine

convert konvertieren, umwandeln *(z. B. Daten)*
converter Umsetzer, Konvertierer
cooked mode Filtermodus
coprocessor Koprozessor
copy kopieren
- ~ **back** zurückschreiben

copy Kopie
- ~ **card** Kopierkarte
- ~**-protected** kopiergeschützt
- ~ **protection** Kopierschutz
- ~ **statement** Kopieranweisung

copying Kopieren

cordless LAN lokales Netz ohne Verdrahtung
~ **mouse** "schwanzlose" Maus *(Informationen werden durch einen Infrarotsender in den Rechner eingegeben)*
core Kern; Magnetkern
correct korrigieren
correcting ribbon Korrekturband
correction key Korrekturtaste
correspondence quality Korrespondenzqualität, Briefqualität *(Drucker)*
cost Kosten
~-**effective** kostengünstig
~ **statement** Kostenrechnung
could not open file File kann nicht eröffnet werden
count zählen
~ **down** rückwärts zählen
~ **up** vorwärts zählen
count 1. Zählen; 2. Endwert, Ergebnis
~ **register** Zählregister
counter Zähler
~-**timer circuit** Zähler-Zeitgeber-Schaltung
CPC s. colour personal computer
cpl s. characters per line
CPL s. current privilege level
CPS s. characters per second
CPU s. central processing unit
CR = carriage return *(Formatsteuerzeichen)*
cracker Cracker, Knacker *(Raubkopierer, die durch Knacken der Paßwörter Zugang zu fremden Datennetzen erhalten)*
CRC s. cyclic redundancy check
CRDR s. cyclic request data with reply
cream skimming "Rahmabschöpfen", "Rosinenpicken" *(Marketingstrategie)*
create erzeugen
~ **a directory** ein Verzeichnis anlegen
~ **a file** einen File anlegen
~ **a handle** einen Kanal anlegen
created erzeugt
criss-cross merge sorting Criss-Cross-Mischsortierung
critical error kritischer Fehler
~ **procedure** kritische Prozedur
CRLF s. carriage return and line feed
cross compiler Cross-Compiler
~-**hairs** Fadenkreuz
~ **reference** Querverweis
~-**reference listing** Querverweisliste

cyclic

~-**reference utility** Querverweishilfsprogramm
CRT s. cathode-ray tube
~ **display** Datensichtgerät, Analog-Sichtgerät
~ **terminal** Bildschirmterminal
CS s. 1. code segment register; 2. chip select
CSG s. constructive solid geometry
CSRD s. cyclic send and request data
CTS 1. s. computer typesetting; 2. = clear to send
CU s. control unit
cube Würfel
~ **root** Kubikwurzel
currency symbol Wahrscheinlichkeitszeichen
current laufend, aktuell
current [elektrischer] Strom
~ **privileg level** aktuelle Privilegierungsstufe
~ **record** aktueller Datensatz
~ **stack position** aktuelle Parameterstackposition
cursor Cursor, Läufer
~ **addressing** Cursoradressierung
~ **arrow** Cursorpfeil
~ **backward** Cursor nach links
~ **control key** Cursorsteuerungstaste
~ **down** Cursor nach unten
~ **forward** Cursor nach rechts
~ **position** Cursorstellung
~ **up** Cursor nach oben
curve Kurve, Krümmung
~ **plotter** Kurvenschreiber
customer Anwender, Kunde
customize kundenspezifisch herstellen
customized kundenspezifisch *(hergestellt)*
cut [ab]schneiden
cut-sheet form Einzelblattpapier *(für Drucker)*
cyan [blue] zyanblau, zyano
cycle Zyklus
~-**shift** zyklisch vertauschen
~ **time** Zykluszeit; Durchlaufzeit
cyclic zyklisch
~ **redundancy check** zyklische Redundanzprüfung (Blockprüfung)
~ **request data with reply** zyklische Datenanforderung mit Antwort *(Dienst)*
~ **send and request data** zyklisches Datensenden und -antworten *(Dienst)*

cyclic

~ shift zyklische Verschiebung
~ **storage access** zyklischer Speicherzugriff
cylinder Zylinder

D

D s. denormal operand
D-flag s. decimal flag
DA s. 1. direct access; 2. destination address
DAD s. digital audio disk
daisy chain Daisy Chain, "Gänseblümchenkette" *(serielle Prioritätsschaltung)*
~ **wheel** Typenrad
~**-wheel printer** Typenraddrucker
dark dunkel, Dunkel...
~ **grey** dunkelgrau
DAS s. data acquisition system
dashed line gestrichelte Linie
data Daten, Informationen
~ **access register** Datenzugriffsregister
~ **acquisition** Datenerfassung
~ **acquisition system** Datenerfassungssystem
~ **area** Daten[speicher]bereich
~ **backup** Datensicherung
~ **bank** Datenbank
~ **base** Datenbasis, Datenbank
~ **base language** Datenbanksprache
~ **base manager** Datenbankverwalter, Dateiverwalter
~ **bus** Datenbus
~ **bus enable** Datenbusfreigabe
~ **carrier** Datenträger
~ **chaining** Daten[ver]kettung
~ **channel** Datenkanal
~ **circuit terminating equipment** Datenübertragungseinrichtung, DÜE
~ **collection** Datenerfassung
~ **collection program** Datenerfassungsprogramm
~ **communication** Datenübertragung
~ **communication equipment** Datenübertragungseinrichtung, DÜE
~ **compression** Datenkomprimierung
~ **control language** Datensteuersprache
~ **conversion** Datenumwandlung, Datenumsetzung, Datenkonvertierung
~ **conversion program** Datenumwandlungsprogramm

20

~ **delimiter** Datenbegrenzer
~ **destination** Datenziel
~ **division** Datenteil *(eines Programms)*
~**-driven** datengesteuert
~ **enable signal** Datenfreigabesignal
~ **encoding** Datenverschlüsselung
~ **entry** Dateneingabe
~ **entry terminal** Dateneingabeterminal
~ **error** Datenfehler
~ **exchange** Datenaustausch
~ **exhausted** Daten fehlen
~ **flow** Datenfluß
~ **flow architecture** Datenflußstruktur
~ **format** Datenformat
~ **formatting** Datenformatierung
~ **handling system** Datenverarbeitungssystem
~ **hold time** Datenhaltezeit
~ **input** Dateneingabe
~ **item** Datenelement
~ **length** Datenlänge
~ **line** Datenleitung
~ **link** Datenübertragungsstrecke
~ **link layer** Datensicherungsschicht
~ **logger** Datenerfassungsgerät, Datenlogger
~ **management** Datenverwaltung
~ **manipulation language** Datenmanipulationssprache
~ **medium** Datenträger
~ **member** Datenelement
~ **memory** Datenspeicher
~ **name** Datenname
~ **overrun** Datenverlust
~ **path** Datenpfad, Datenweg
~ **processing** Datenverarbeitung
~ **processing equipment** Datenverarbeitungsausrüstung
~ **processing system** Datenverarbeitungssystem, Informationsverarbeitungssystem
~ **processing terminal** Datenendstation
~ **protection** Datenschutz
~ **recognition** Zeichenerkennung
~ **record** Datensatz
~ **record description entry** Datensatzerklärung
~ **register** Datenregister
~ **save routine** Datenrettungsroutine
~ **security** Datensicherheit, Datensicherung, Zugriffssicherung *(Datenschutz)*

defining

- ~ security means Datensicherung
- ~ segment register Datensegmentregister
- ~ set control block Dateisteuerblock
- ~ set label Dateikennsatz
- ~ set-up time Datenvorbereitungszeit
- ~ signalling rate Übertragungsgeschwindigkeit
- ~ stack Datenstack, Datenkellerspeicher
- ~ station Datenstation
- ~ store Datenspeicher
- ~ stream Datenstrom, Datenfluß
- ~ terminal equipment Datenendeinrichtung, DEE
- ~ traffic Datenverkehr
- ~ transfer Datentransfer, Datentransport, [maschinelle] Datenübertragung
- ~ transfer errors Datenübertragungsfehler
- ~ transfer state Datentransferzustand
- ~ translator Datenumsetzer
- ~ transmission Datenübertragung
- ~ transmission services Datenübertragungsdienste
- ~ unit Dateneinheit
- ~ word Datenwort

date Datum
~-and-time stamp Zeit und Datum umfassender Eintrag
DC s. 1. device coordinates; 2. direct current
DCE s. data communication equipment
DCL s. data control language
dead tot; stromlos
deadlock Systemblockade, Deadlock (Verklemmung als unerwünschte Systemeigenschaften)
deallocate die Zuordnung aufheben
~ a register set einen [reservierten] Registersatz wieder zurückgeben
deallocation Freigabe (des Speichers)
deblocking Entblocken
debug Fehler beseitigen; austesten (ein Programm)
debugged fehlerfrei; entstört (Programme)
debugger Debugger, Fehlersuchprogramm
debugging Debugging, Fehlersuchen; Fehlerbeseitigung; Entstörung (von Programmen)
~ routine Fehlersuchroutine
~ statement Fehlersuchanweisung

decimal adjust Dezimalkorrektur
- ~ alignment Dezimalkommaausrichtung
- ~ arithmetic Dezimalarithmetik
- ~-binary dezimal-dual
- ~ carry Zehnerübertrag
- ~ digit Dezimalziffer, Dezimalstelle
- ~ display Ziffernanzeigeeinheit
- ~ flag Dezimalflag, D-Flag
- ~ notation Dezimalschreibweise
- ~ number Dezimalzahl
- ~ number format Dezimalzahlenformat
- ~ place Dezimalstelle
- ~ point Dezimalpunkt
- ~ point location Dezimalpunktposition
- ~ system Dezimalsystem
- ~ value Dezimalwert

decision Entscheidung
- ~ box Entscheidungssymbol (Alternativsymbol in Flußdiagrammen)
- ~ content Entscheidungsgehalt
- ~ instruction Entscheidungsbefehl
- ~ support system Entscheidungshilfesystem (KI)
- ~ table Entscheidungstabelle

deck Kartenstapel, Kartensatz
declaration Vereinbarung, Erklärung, Deklaration
declarative rules deklarative Regeln (KI)
decode dekodieren, entschlüsseln
decoder Dekoder, Dekodierer
decorative border Zierrand (DTP)
~ typefont Zierschrift (DTP)
decouple entkoppeln
decoupling Entkopplung
decrease verringern
decrement dekrementieren, vermindern
decrement Dekrement, Verminderung
dedicated zweckbestimmt, spezifisch; [fest] zugeordnet
~ store zugeordneter Speicher
deep tief
~ knowledge Tiefenwissen (KI)
default Vorgabewert; Voreinstellung
~ expression Vorbesetzungsausdruck
defect Defekt, Fehler
~-free fehlerfrei
define definieren
defining occurrence definierendes Vorkommen; Definitionsstelle
~ word Definitionswort

deflect

deflect ablenken
deflection Ablenkung
degrade schwächer werden
DEL s. delete
delay verzögern
delay Verzögerung
~ **statement** Verzögerungsanweisung
~ **time** Verzögerungszeit
delayed verzögert; unterbrochen
~ **access** verzögerter Zugriff
~ **input** verzögerte Eingabe
delaying action Unterbrechungsanweisung
delete löschen *(Zeichen)*; auflösen; freigeben
~ **the directory entry** den Eintrag löschen
~ **the file** die Datei löschen
delete character Löschzeichen
deletion Löschung
delimit begrenzen
delimiter Begrenzer, Begrenzungszeichen
deliver liefern
demand Forderung
~ **file** Abrufdatei, Abruffile
demultiplexing Demultiplexen
denominator Nenner
denormal operand denormaler Operand
dense dicht
density Dichte
depress [a key] eine Taste drücken
depth Tiefe
~**-first** Tiefe-zuerst
derivative Ableitung
derived type abgeleiteter Typ
descending abfallend, absteigend
descent abfallen, kleiner werden
description Beschreibung
~ **field** Textfeld
descriptive procedure Spezifikationsprozedur
descriptor Beschreiber
~ **privilege level** Deskriptorprivilegierungsstufe
design entwickeln, entwerfen *(Schaltungen)*
design Design, Entwurf
designator Bezeichner
desk 1. Tisch; 2. Desk-Menü *(Teil der Menüzeile)*
desktop [computer] Tischcomputer
~ **laser printer** Desktop-Laserdrucker
~ **publishing** DTP, Desktop-Publishing *(elektronisches Publizieren)*
destination Datenziel, Ziel
~ **address** Zieladresse
~ **disk** Zieldiskette
~ **disk is missing** es ist keine Zieldiskette eingelegt
~ **file** Zieldatei
~ **index** Zielindex
~ **index register** Zielindexregister, Bestimmungsindexregister
~ **subaddress** Zielteiladresse
destroy zerstören; löschen *(Dateien)*
destructive zerstörend; löschend
~ **cursor** löschender Cursor, löschendes Positionsanzeigesymbol
~ **reading** löschendes Lesen
~ **readout** löschendes Lesen
destructor Destruktor, Zerstörer
detect auffinden, ermitteln, erkennen
detectability Ansprechbarkeit
detection Erkennen, Erkennung, Auffinden
~ **device** Sucheinrichtung
determine bestimmen
develop entwickeln
development costs Entwicklungskosten
deviation Abweichung
device Gerät, Geräteeinheit
~ **address** Geräteadresse
~ **allocation** Gerätezuordnung
~ **control** Gerätesteuerung
~ **control character** Gerätesteuerzeichen
~ **coordinates** Gerätekoordinaten, GK
~ **driver** Gerätetreiber, Schnittstellentreiber, Device-Driver
~ **header** Schnittstellenheader, Treibervorspann
~ **independence** Geräteunabhängigkeit
~**-independent** geräteunabhängig
~ **initialization string** Initialisierungszeichenkette
~ **layer** Geräteebene
~ **viewport** *Darstellungsbereich auf dem Ausgabegerät*
DF s. 1. decimal flag; 2. direction flag
diagnostic aids Testhilfen
~ **routine** Fehlersuchprogramm
diazo print material Lichtpausmaterial
dictating facility Diktiereinrichtung
dictionary Wörterbuch
~ **look-up** Wörterbuchsuche

~ **pointer** Wörterbuchzähler
differ sich unterscheiden
different unterschiedlich
digit Ziffer
~ **compression** Zeichenverdichtung
~ **delay** Verzögerung des Ziffernimpulses
~ **plane** Bitebene
digital digital, Digital...
~ **audio disk** optische Speicherplatte mit Toninformationen
~ **computer** Digitalrechner
~ **data storage** Speicherung digitaler Daten
~ **display** Ziffernanzeige
~ **input and output** digitale Ein- und Ausgabe
~ **optical disk** digitale optische Speicherplatte
~ **readout** Digitalanzeige
~ **signal** digitales Signal
~**-to-analogue** ... Digital-Analog-..., D/A-...
~ **typesetting** digitaler Satz
digitally coded digital kodiert
digitize digitalisieren, digital darstellen
digitizing Digitalisieren
~ **equipment** Digitalisierungsgeräte
digitizer Digitalisierer, Digitalisiereinrichtung, Digitizer
dimension bemessen
DIR *Directory-Kommando*
direct direkt
~ **access** direkter Zugriff, Direktzugriff
~**-access memory** Speicher mit wahlfreiem Zugriff
~ **addressing** direkte Adressierung
~ **base class** direkte Basisklasse
~ **current** Gleichstrom
~ **executable code** direkt ausführbarer Maschinenkode
~ **instruction** Direktbefehl
~**-mapped cache** direktabbildender Cache
~ **memory access** direkter Zugriff zum Speicher, direkter Speicherzugriff, DMA-Betrieb
~ **storage access technique** DSA-Technik
~ **threaded code** direkter Fadenkode
~ **view storage tube** Speicherbildschirm
direction flag Richtungsflag
directly addressable direkt adressierbar *(Speicher)*

~ **controlled** direkt gesteuert
directory Dateiverzeichnis, Adreßverzeichnis, Inhaltsverzeichnis
~ **entry** Verzeichniseintrag
~ **[is] full** im Inhaltsverzeichnis ist kein Platz mehr vorhanden
~ **management** Dateiverwaltung
~ **name** Verzeichnisname, Directory-Name
~ **tree** baumartige Verzeichnisstruktur
disable sperren, abschalten
disable abgeschaltet, inaktiv
~ **input** Sperreingang
~ **instruction** Sperrbefehl
~ **interrupt instruction** Unterbrechungssperrbefehl
disabled gesperrt, abgeschaltet; nicht zugelassen
disc *s.* disk
discrete diskret
~ **mode** diskreter Mode
~ **value** diskreter Wert
discriminant constraint Diskriminanteneinschränkung
disjunction Disjunktion, einschließendes ODER
disk Disk, Platte, Magnetplatte
~ **access** Plattenzugriff
~ **address** Plattenadresse
~ **area** Plattenbereich
~ **buffer** Diskettenpuffer
~ **buffer cache** Laufwerkspufferbereich
~ **command** Plattenbefehl
~ **drive** Plattenlaufwerk
~ **error** Plattenfehler
~ **file** Diskettendatei, Plattendatei
~ **file organization** Plattenspeicherorganisation
~ **has unknown format** die Diskette hat ein unbekanntes Format
~ **is full** die Diskette ist voll, der Speicherplatz der Diskette reicht nicht aus
~ **is not ready** die Diskette ist nicht einsatzbereit
~ **is write-protected** die Diskette ist schreibgeschützt
~ **media error** Diskettenfehler
~ **operating system** Diskettenbetriebssystem, diskettenorientiertes Betriebssystem, Plattenbetriebssystem
~**-oriented** plattenorientiert
~ **pack** Plattenstapel

disk

- ~ **read error** auf angegebener Diskette wird ein Lesefehler angezeigt, die Datei kann nicht korrekt gelesen werden
- ~-**related** laufwerksbezogen *(Fehler)*
- ~ **sector** Plattensektor
- ~ **sector buffer** Laufwerkssektorenpuffer
- ~ **server** Disk-Server
- ~ **storage** Plattenspeicher
- ~ **store** Plattenspeicher
- ~ **striping** *Verteilung einer Datei auf mehrere Platteneinheiten*
- ~ **transfer address** Diskettentransferbereichsadresse
- ~ **transfer area** Diskettentransferbereich

diskette Diskette, Floppy-Disk
- ~ **drive** Diskettenlaufwerk

dispatch zuweisen
displace verschieben
displacement Verschiebung
display anzeigen; drucken
display 1. Anzeige, Darstellung; 2. Textausgabe; 3. Bildschirm
- ~ **device** Anzeigevorrichtung
- ~ **instruction** Darstellungsbefehl
- ~ **menu** Video-Menü, Bildschirmmenü
- ~ **terminal** Sichtgerät
- ~ **work station** Bildschirmarbeitsplatz

dispose Speicherplatz freigeben
dissipative verlustbehaftet
distance Entfernung; Abstand
distant entfernt
distort sich verzerren
distorted verzerrt
distortion Verzerrung
distribute verteilen
distributed verteilt, verzweigt
- ~ **processing** verteilte Verarbeitung

distribution bus Verteilerbus
- ~ **disk** Verteilerplatte

divide teilen
division Division, Teilung
- ~ **by zero** Division durch Null *(Fehlermeldung)*

DMA *s.* direct memory access
DML *s.* data manipulation language
do-statement Schleifenanweisung
document dokumentieren
document Dokument, Beleg
- ~ **counter** Belegzähler
- ~ **interchange architecture** Dokumentenarchitektur

24

- ~ **management** Schriftgutmanagement
- ~ **storage** Belegspeicher

documentation Dokumentation
- ~ **of software development** Programmentwicklungsdokumentation

DOD *s.* digital optical disk
done flag Fertig-Flag
DOS *s.* disk operating system
- ~-**box** DOS-Box *(MS-DOS-Umgebung)*
- ~-**environment** DOS-Umgebung
- ~-**utilities** DOS-Dienstprogramme

dot Punkt
- ~ **density** Punktdichte
- ~ **leaders** Führungspunkte *(in Punkten dargestellte Linie; DTP)*
- ~ **matrix** Punktmatrix
- ~-**matrix printer** Matrixdrucker, Nadeldrucker

dots per inch Punkte je Zoll, Punkte/Zoll *(Auflösungsvermögen von Druckern)*
double verdoppeln
double doppelt, Doppel...
- ~ **bit** Doppelbit
- ~ **density** doppelte Dichte *(Speicherkapazität)*
- ~ **dot** Doppelpunkt *(Bereichssymbol)*
- ~-**length number** Zahl doppelter Länge
- ~ **number extension word set** Erweiterungswortschatz zur Verarbeitung doppelt genauer Zahlen
- ~ **precision** doppelte Genauigkeit
- ~-**sided** beidseitig, zweiseitig, doppelseitig *(Disketten)*
- ~-**spaced** zweizeilig
- ~ **word pointer** Doppelwortzeiger

down abwärts; unten
download laden *(Programme)*; einlesen *(von einem Rechner in den anderen)*
downloading Laden ins Zielsystem
downtime Ausfallzeit; Totzeit
dpi *s.* dots per inch
DPL *s.* descriptor privilege level
DPM *s.* dual port memory
dragging Ziehen *(die Maus zur Zielposition)*
DRAM *s.* dynamic random access memory
draw 1. ziehen; 2. zeichnen
draw program Zeichenprogramm
drive 1. treiben; 2. ansteuern
drive 1. Antrieb; 2. Laufwerk

~ **code** Laufwerkskode
~ **designator** Laufwerksangabe
~ **identifier** Laufwerkskennung
~ **number** Laufwerknummer
driver Treiber, Gerätetreiber
~ **file** Treiberdatei
drum Trommel
~ **storage** Trommelspeicher
~ **store** Trommelspeicher
dry trocken
~ **cell** Trockenelement
DS s. 1. data segment register; 2. double-sided
DSCB s. data set control block
DTA s. disk transfer area
DTE s. data terminal equipment
DTP s. desktop publishing
dual dual
~ **address** duale Adresse
~ **code** Dualkode
~ **communication interface** Signalumsetzer *(Anschlußstelle für ein zweites Kommunikationsgerät)*
~ **port memory** Zweitorspeicher
dummy Leersignal, Blindzeichen, Füllzeichen
~ **argument** Scheinargument
~ **data** Scheindaten
~ **data set** Scheindatei, Blinddatei
~ **entry** Blindeintrag, Scheineintrag
~ **instruction** Leerbefehl, Blindbefehl
~ **procedure** Scheinprozedur
~ **record** Scheinsatz, Blindsatz
~ **statement** Pseudoanweisung, Leeranweisung
~ **word** s. dummy instruction
dump ausgeben; zwischenspeichern
dump Speicherabzug, Speicherauszug, Dump
~ **program** Speicherabzugprogramm
duplex Duplex *(Betriebsart)*
~ **operation** Duplexbetrieb
DWIM[-package] = Do What I Mean *(Programm zur Korrektur von Tippfehlern des Benutzers)*
dyadic operator dyadischer Operator, Zweifachoperator
dynamic dynamisch
~ **buffering** dynamische Pufferung
~ **dump** dynamischer Speicherabzug
~ **linking** dynamisches Linken
~ **memory** dynamischer Speicher
~ **random access memory** dynamischer Schreib-Lese-Speicher, DRAM

~ **routing** dynamisches Routing-Verfahren
~ **storage allocation** dynamische Speicherplatzzuordnung
~ **subroutine** dynamisches Unterprogramm
dynamical relocatable code dynamisch verschiebbarer Kode

E

EAROM s. electrically alterable read-only memory
earth erden
easy einfach, leicht
~-**to-maintain** leicht zu warten
~-**to-use** leicht [handhabbar]
ED s. 1. error detection; 2. end delimiter
edge Kante; Rand
edit editieren, verändern, korrigieren *(d. h. Daten für den Druck vorbereiten)*
edit code Aufbereitungskode, Aufbereitungsschlüssel
~-**directed** editgesteuert, formatgesteuert
editable editierbar
editing Editieren *(zum Druck aufbereiten)*
~ **character** Aufbereitungszeichen, Druckaufbereitungszeichen
~ **clause** Druckaufbereitungseintrag
~ **program** Editierprogramm
~ **symbol** Aufbereitungszeichen, Druckaufbereitungszeichen
editor Editor *(Druckaufbereitungsprogramm)*
EEPROM s. electrically erasable programmable read-only memory
effective effektiv, wirklich, echt
~ **address** tatsächliche (effektive) Adresse
~ **privilege level** effektive Privilegierungsstufe
EGA s. enhanced graphics adapter
EI s. enable interrupt
eject auswerfen, ausstoßen
eject statement Vorschubanweisung *(für den Drucker)*
ejection Auswerfen, Ausstoßen
elaborate abarbeiten
elaboration Abarbeitung

electrically

electrically alterable read-only memory elektrisch umprogrammierbarer Festwertspeicher, EAROM
~ **erasable programmable read-only memory** elektrisch programmierbarer und löschbarer Nur-Lese-Speicher, EPROM
~ **programmable read-only memory** elektrisch löschbarer Nur-Lese-Speicher
electrographic ink leitfähige Tinte
electromechanically operated elektromechanisch betrieben
electronic data interchange elektronischer Datenaustausch
~ **eraser** elektronischer Radiergummi
~ **mail** elektronische Post, Electronic Mail, E-Mail
~ **mailbox** elektronischer Briefkasten
~ **paintbrush** elektronischer Pinsel
~ **pencil** elektronischer Bleistift
~ **publishing** elektronisches Publizieren
~ **publishing service** elektronischer Veröffentlichungsdienst
~ **publishing tools** Electronic-Publishing-Werkzeuge
element Element
elementary elementar, grundlegend
~ **item** Datenelement
elevator seeking *Lesen nach dem Prinzip des Aufzugs*
eleven-disk pack Elfplattenstapel
else sonst
EM *s.* end of medium
embedded eingebettet *(Computer)*
empty entleeren
empty leer *(Streifen)*; unbeschrieben *(Datenträger)*; zeichenlos *(Zeichenfolgen)*
emulate emulieren
emulation Emulation
emulator Emulator
enable ermöglichen, befähigen; freigeben *(Leitungen)*
enable Freigabe
~ **input** Freigabeeingang, Enable-Input
~ **interrupt** Freigeben von Interrupts *(Befehl)*
enabled freigegeben
enabling signal Freigabesignal
encode kodieren, verschlüsseln
encoder Kodierer
encoding format Aufzeichnungsformat

end beenden
~ **process** Prozeß beenden
end Ende
~ **column** Endspalte
~ **delimiter** Endezeichen
~ **line** Endzeile *(eines Programms)*
~ **mark** Endmarke, Bandnachsatz
~ **of data block** Datenblockende
~ **of file** Dateiende, Fileende
~-**of-file label** Dateinachsatz, Filenachsatz
~ **of file met** Dateiende angetroffen
~-**of-file option** Dateiendeangabe
~ **of interrupt** Unterbrechungsende, Interruptende
~ **of job** Auftragsende
~ **of medium** Ende der Aufzeichnung
~ **of medium character** Datenträgerendezeichen
~ **of program module** Baustein-Ende
~ **of tape** Bandende, Magnetbandende
~ **of test** Prüfende, Testende
~ **of text** Textende
~ **of track** Spurende
~ **of transmission** Übertragungsende
~ **of transmission block** Übertragungsendeblock
~ **program** Programm-Ende
~ **subroutine** Unterprogramm-Ende
enhance erweitern, erhöhen, steigern
enhanced erweitert, gesteigert
~ **graphics adapter** leistungsgesteigerter Grafik-Adapter *(Standard für die Auflösung von Computerbildschirmen nach Bildschärfe und Detailreichtum; 640 x 350 Punkte, 16 Farben)*
~ **services** vermehrte Dienste
~ **small devices interface** Interface-Norm für schnelle Festplatten
enlarge vergrößern
enlarged vergrößert
enlargement ratio Vergrößerungsverhältnis
ENQ *s.* enquiry character
enquiry character Abfragezeichen *(Übertragungssteuerzeichen)*
enter eingeben; einlesen *(Daten)*
entity Objekt, Entity *(Gesamtheit der auf ein Objekt der Umwelt bezogenen Informationen)*; Instanz *(ISDN)*
~ **set** Entity-Menge
~ **type** Entity-Typ

entry 1. Eingang; 2. Eingangsbefehl; 3. Eintrag, Eintragung; 4. Startadresse
~ **point** Eintrittspunkt
enumeration Aufzählung
~ **type** Aufzählungstyp
environment 1. Umgebung; 2. Betriebsart
~ **enquiry** Gerätekenngröße
EOF s. end of file
EOF met Dateiende angetroffen
EOI s. end of interrupt
EOJ s. end of job
EOT s. 1. end of test; 2. end of tape; 3. end of transmission; 4. end of track
EP s. electronic publishing
EPL s. effective privilege level
EPROM s. electrically programmable read-only memory
EPU s. extended processing unit
EQ s. equal [to]
equal [to] gleich
~ **access** gleicher Zugang
equalizer Entzerrer
equate vergleichen
equipment Gerät
~ **maintenance** Anlagenwartung
~ **status** Ausstattungsstatus
equivalence Äquivalenz
~ **statement** Äquivalenzanweisung
equivalent äquivalent
ERA s. erase command
erasable löschbar
~ **storage** löschbarer Speicher
erase löschen (Zeichen) streichen, wegstreichen
~ **display** den Bildschirm löschen
~ **line** die Zeile ab Cursor löschen
erase command ERASE-Befehl, ERASE-Kommando, Löschbefehl, Löschkommando
~ **cycle** Löschzyklus
~ **instruction** s. erase command
~-**protected** löschgeschützt
~ **signal** s. erase command
erasure Löschung
erroneous fehlerhaft (Programme)
error Fehler
~ **check** Fehlerprüfung
~ **code** Fehlerkode
~ **control** Fehlersteuerung
~-**correcting program** Fehlerkorrekturprogramm
~ **correction** Fehlerkorrektur
~ **detecting software** Fehlererkennungssoftware
~ **detection** Fehlererkennung
~ **detection routine** Fehlersuchroutine
~ **dump** Fehlerauszug
~ **flag** Fehlerflag
~-**free transmission circuit** störungsfreie Übertragungsstrecke
~ **handling** Fehlerbehandlung
~ **interrupt** Fehler-Interrupt, Fehlerunterbrechung
~ **message** Fehlermeldung
~ **number** Fehlernummer
~ **prompt** Fehlerhinweis, Fehlerzeichen
~-**prone** fehleranfällig
~ **rate** Fehlerhäufigkeit
~ **reporting** Fehlerrückmeldung
ES s. entity set
escape abbrechen; entfliehen (z. B. aus dem Textmodus in den Steuermodus)
escape character Escape-Zeichen
escapement Dichtenwert (einer Linie; DTP)
ESDI s. enhanced small devices interface
ESKC s. extended screen and keyboard control
establish a file eine Datei einrichten
establishment Aufbau (z. B. einer Verbindung)
EU s. execution unit
Eurocard Europakarte
evaluate auswerten; bewerten
evaluation Auswertung
even gerade (z. B. Zahlen)
~ **bank** gerade Bank (bezogen auf die Adresse)
~-**numbered** geradzahlig
~ **page** gerade Seite (DTP)
~ **parity** gerade Parität
event Ereignis
~ **library** Ereignisbibliothek
~ **mode** Ereignismodus
ever immer
exact details genaue Angaben
examine untersuchen, prüfen
example Beispiel
~-**packed** mit Beispielen angefüllt
~ **program** Beispielprogramm
exception Ausnahme
~ **handler** Ausnahmebehandler
excess Überschuß

excess

~-3-code Dreiexzeßkode, Stibitzkode
exchange austauschen
exchange Austausch
~ **buffering** Austauschpufferung
~ **sort** Sortieren durch Austausch
exchangeability Austauschbarkeit
exclamation mark Ausrufungszeichen
exclusive OR exklusives ODER
executable ausführbar *(z. B. Befehle)*; abarbeitbar *(Programme)*
~ **code and program start** ablauffähiger Kode und Programmstart
~ **statement** ausführbare Anweisung
execute ausführen *(z. B. Befehle)*; abarbeiten *(Programme)*
execution Ausführung *(z. B von Befehlen)*; Abarbeitung *(von Programmen)*
~ **speed** Betriebsgeschwindigkeit, Arbeitsgeschwindigkeit
~ **time** Ausführungszeit
~ **unit** Ausführungseinheit
executive instruction Ausführungsbefehl
~ **system** Monitorsystem, Exekutivsystem
exit 1. Ausgang; 2. Ende; 3. Austritt *(aus einem Programm)*
~ **point** Austrittspunkt, Austrittsstelle
~ **statement** Ausgangsanweisung
expand s. extend
expandability Erweiterungsfähigkeit
expanded s. extended
expansion Erweiterung
~ **bus** Erweiterungsbus
~ **module** Erweiterungsbaustein, Erweiterungsmodul
expect erwarten
expected erwartet
expensive teuer
expert evidence Begutachtung
~ **system** Expertensystem
explicit value receive name expliziter Empfangsname
explode zerlegen *(Baueinheiten)*
exploded view Explosionsdarstellung
exponent Exponent
expression Ausdruck
extend erweitern; ausdehnen; sich erstrecken auf
extended 1. erweitert; 2. breit *(Schrift)*
~ **addressing** erweiterte Adressierung
~ **character set** erweiterter Zeichenvorrat
~ **digit** Sonderziffer

28

~ **file control block** erweiterter Dateisteuerblock
~ **instruction set** erweiterter Befehlssatz
~ **language** erweiterte Sprache
~ **memory** erweiterter Speicher, Erweiterungsspeicher, Zusatzspeicher
~ **memory area** erweiterter Arbeitsspeicherplatz
~ **memory timing** erweitertes Zeitverhalten *(im externen Speicherraum)*
~ **memory unit** erweiterte Speichereinheit *(für Supercomputer)*
~ **mode** erweiterter Betriebsmodus
~ **processing unit** erweiterte Verarbeitungseinheit
~ **screen and keyboard control** erweiterte Bildschirm- und Tastatursteuerung
extensibility Erweiterbarkeit
extension Erweiterung
~ **memory** Zusatzspeicher
extent Zusatzbereich
external extern, äußerlich, äußerer
~ **command** externer Befehl
~ **format** externes Format
~ **interrupt** externe Unterbrechung
~ **machinery** Peripheriegeräte
~ **memory** Externspeicher, externer (fremder) Speicher
~ **program memory** externer Programmspeicher
~ **statement** Externanweisung
~ **storage** s. external memory
~ **subroutine** externe Subroutine
~ **symbol dictionary** externes Symbolverzeichnis
extra zusätzlich, Zusatz..., extra..., Extra...
~ **bolt** extrafett *(Schrift; DTP)*
~ **segment register** Extrasegmentregister
extract extrahieren, herausziehen
extract Auszug
extrinsic command externer Befehl

F

fabric typewriter ribbon Gewebefarbband
~ **typewriter ribbon cartridge** Gewebefarbbandkassette
fabricate herstellen, fertigen
fabrication Herstellung, Fertigung

face 1. Fläche *(Oberfläche)*; Vorderfläche, Stirnfläche; 2. Schriftbild
facsimile communication equipment Fernkopierer
fact-filled mit Fakten (Hinweisen) angefüllt
factor Faktor
factorable in Faktoren zerlegbar
factorial Fakultät
fail versagen, ausfallen *(Geräte)*
fail-save ausfallsicher, störungssicher
failure Fehler; Ausfall; Panne
~ **detection** Fehlernachweis
~ **rate** Fehlerrate; Ausfallrate
fall abfallen
~ **through** durchfallen
~ **to zero** auf Null abfallen
fall time Abfallzeit
falling delay Ausschaltverzögerung
false falsch, nicht zutreffend
fanfold leporello[gestaltet], zickzackgefaltet
~ **paper** Leporellopapier
far fern
fast 1. schnell, Schnell...; 2. beständig, fest
~ **access store** Schnell[zugriffs]speicher
~-**acting** schnell wirkend; schnell ansprechend *(z. B. Relais)*
FAT *s.* file allocation table
fatal error schwerwiegender Fehler *(des Rechners)*
fault Fehler
~-**free** fehlerfrei
~ **management** Wartung
~ **program** Fehlerprogramm
~ **tolerance** Fehlertoleranz
~-**tolerant** fehlertolerant
faulty fehlerhaft
fax connecting unit Telefax-Anschlußeinheit
FC *s.* frame control
FCB *s.* file control block
FCK *s.* frequency shift keying
FCS *s.* frame check sequence
FD *s.* 1. floppy disk
FDC *s.* floppy-disk controller
FDD *s.* floppy-disk drive
FE *s.* format effector
feature 1. Merkmal, [besondere] Eigenschaft; Option; Sprachelement; Möglichkeit; 2. Einrichtung, Zusatzeinrichtung, Zusatz

~ **is not implemented** [diese] Eigenschaft (Möglichkeit) ist nicht implementiert
fed manually von Hand eingegeben
feed eingeben; speisen
~ **forward** weiterleiten
feed Vorschub
feedback Rückkopplung; Rückmeldung
ferrit core Ferritkern, Magnetkern
~ **core memory** Kernspeicher
fetch abrufen *(Daten, Maschinenprogramme)*
fetch Abruf *(von Daten)*
~ **instruction** Abrufbefehl
FF *s.* form feed
field 1. Feld, Datenfeld; 2. Gebiet
FIFO *s.* first-in-first-out
figure caption Bildunterschrift
file speichern; ablegen, archivieren
file Datei, File
~ **allocation table** Dateizuordnungstabelle, Dateibelegungstabelle, Dateiverwaltungstabelle, File-Allocation-Table
~ **already exists** Datei existiert bereits *(Meldung)*
~ **already open** Datei bereits offen *(Meldung)*
~ **already open in another unit** die aufgerufene Datei ist bereits auf einer anderen logischen Funktion eröffnet
~ **area** Dateibereich
~ **checking** Dateikontrolle
~ **checking block** Dateikontrollblock
~ **contents** Dateiinhalt
~ **control** Dateisteuerung
~ **control block** Dateisteuerblock
~ **date** Dateidatum
~ **directory** Dateiverzeichnis
~ **does not exist** File ist nicht auf der Diskette vorhanden
~ **handle** Dateinummer *(zur Dateikennzeichnung)*
~ **handling state** operationeller Zustand
~ **is not open** Datei ist nicht eröffnet *(Fehlermeldung)*
~ **is write-protected** die Datei ist schreibgeschützt *(Fehlermeldung)*
~ **label** Dateikennsatz
~ **layout** Dateiaufbau
~ **locking** Dateiverriegelung, File-Locking *(Datenschutz; Abschließen*

file

einer Datei)
- **maintenance** [kontinuierliche] Aktualisierung der Datei; Dateiwartung
- **maintenance utility** Dateiwartungsprogramm, Dateienmanager *(Programm)*
- **management** Dateiverwaltung
- **manager** Dateiverwaltungsprogramm
- **name** Dateiname
- **-name extension** Dateinameerweiterung, Filename-Extension
- **name too long** Dateiname ist zu lang *(mehr als 64 Zeichen; Fehlermeldung)*
- **naming** Dateibezeichnung, Dateiname
- **not found** Datei [wurde] nicht gefunden
- **not in proper directory record** es existiert kein Directory-Einsprung
- **number** Dateinummer
- **print** Dateiausdruck
- **processing** Dateiverarbeitung
- **protection** Dateischutz *(zur Verhinderung von unberechtigten Zugriffen)*
- **protocol** Dateiprotokoll
- **purging** Löschen des Dateiinhalts
- **searching** Dateisuche
- **select library** Dateiauswahlbibliothek
- **server** Fileserver, Dateiserver
- **service** Dateidienst
- **structure** Filestruktur, Dateistruktur, Fileaufbau, Dateiaufbau
- **system** Dateisystem, Filesystem
- **transfer** Dateiübertragung
- **transfer, access, and manipulation** Dateiübermittlung, Zugriff und Verwaltung
- **type error** falscher Dateityp

fill füllen *(z. B. zusammenhängende Flächen mit einem Muster)*
fill area Füllbereich, Füllgebiet
- **character** Füllzeichen

filler Füllzeichen
FILO *s.* first-in-last-out principle
film Film, Schicht
filter [aus]filtern
final End..., endgültig
- **value** Endwert

find 1. finden, auffinden; 2. suchen, aufsuchen
- **first file** den ersten Eintrag finden; den ersten Eintrag suchen
- **next file** den nächsten Eintrag finden; den nächsten Eintrag suchen

fine fein, Fein..., Mikro...; dünn
finely fein, Fein...
finish beenden
finite endlich
- **state machine** Automat mit endlich vielen Zuständen

firmware Firmware
first address Startadresse
- **-in-first-out** FIFO-Prinzip *(was zuerst hereinkommt, geht auch zuerst wieder hinaus)*
- **-in-first-out memory** FIFO-Speicher
- **-in-last-out principle** FILO-Prinzip
- **name** Vorname

fit ausstatten, ausrüsten; anpassen *(Daten)*
fitted passend; geeignet
fix festmachen, befestigen
fixed befestigt, fest, Fest...
- **disk** Festplatte
- **disk controller** Festplattenkontroller
- **disk memory** Festplattenspeicher
- **point** Festkomma
- **point computation** Festkommarechnung
- **-programmed** festprogrammiert
- **word length** feste Wortlänge

flag markieren, kennzeichnen
flag Flag, Kennzeichen, Merker
- **bit** Flag-Bit, Markierungsbit
- **field** Kennzeichenfeld
- **register** Flag-Register, Anzeigeregister

flash aufleuchten
flash Blitz *(als Wortvorsatz: Bauelement mit extrem hoher Arbeitsgeschwindigkeit)*
flat eben, flach
- **address space** flaches Adreßraummodell
- **-panel display** Flachbildschirm

flathed plotter Tischplotter
flexible 1. flexibel; 2. anpassungsfähig
- **disk** Folienspeicherplatte

flip charts Flip-Charts
floating schwebend
- **address** symbolische Adresse
- **horizon** gleitender Horizont
- **image** schwimmendes Bild
- **point** Gleitkomma

~-point calculation Gleitkommarechnung
~-point firmware Gleitkomma-Firmware
~-point graphics operation Gleitkomma-Grafikoperation
~-point notation Gleitkommaschreibweise
~-point number Gleitkommazahl
~-point operation Gleitkommaoperation
~-point processor Gleitkommaprozessor
~-point register Gleitkommaregister
~-point representation Gleitkommadarstellung
~-point unit Gleitkommaprozessor
flood filling *Ausbreitung des Programms flutartig im Transputernetz*
floppy *s.* floppy disk
~ **controller** Floppykontroller
~ **disk** Diskette, Floppy-Disk
~-disk controller Disketten-Steuereinheit, Floppy-Disk-Anschlußsteuerung
~-disk drive Diskettenlaufwerk
~-disk storage Floppy-Disk-Speicher
~-disk store Floppy-Disk-Speicher
~ **drive** Floppylaufwerk
floptical *Kombination zwischen optischer und magnetischer Speichertechnik; ein Laserstrahl erkennt ähnlich dem CD-Player-Prinzip die zum Schreiben oder Lesen notwendige geeignete Stelle - dann tritt ein magnetischer Schreib-Lese-Kopf in Aktion*
flow fließen
flow 1. Fließen; 2. Ablaufen *(von Programmen)*
~ **chart** Programmablaufplan, Flußdiagramm, Ablaufdarstellung
~ **charting** Datenflußplanung
~ **control** Flußkontrolle, Flußregelung *(bei vermaschten Netzen)*
~ **diagram** Flußbild
~ **direction** Flußrichtung
~ **line** Flußlinie
~ **of the program** Programmablauf
flowchart Flußdiagramm
~ **symbol** Flußbildsymbol
flush input buffers function Funktion zum Löschen von Eingabepuffern
~ **left** linksbündig *(Seiten)*
~ **right** rechtsbündig *(Seiten)*

~ **output buffers function** Funktion zum Löschen der Ausgabepuffer
fly fliegen
focus window Eingabefenster
foil Folie
font Schriftart, Schriftkegel
for-list Laufliste
~-list element Lauflistenelement
~-loop Laufanweisung
~-statement Laufanweisung
forbidden verboten
force Kraft
foreground Vordergrund
~ **colour** Vordergrundfarbe
~ **process** Vordergrundprozeß
~ **processing** Vordergrundverarbeitung
~ **program** Vordergrundprogramm, Prioritätsprogramm
~ **threads** Threads des Vordergrundprozesses
foreign fremd, Fremd...
~ **file** Fremddatei
form 1. Form, Gestalt; 2. Formular
~ **alignment** Ausrichten des Formulars
~ **feed** Seitenvorschub, Formularvorschub
~ **letter** Formbrief
~ **library** Formularbibliothek
~ **overflow** Formularüberlauf
formal language formale Sprache
~ **logic** formale Logik
~ **parameter** formaler Parameter, Formalparameter
~ **parameter list** Liste formaler Parameter, Formalparameterliste
~ **parameter part** formaler Parameterteil, Formalparameterteil
format formatieren, einteilen
format Format
~ **control** Formatsteuerung
~ **effector** Formatsteuerzeichen
~ **instruction** Formatbefehl
~ **specification** Formatangabe
formatted formatiert
~ **file** formatierte Datei
~ **floppy disk** formatierte Diskette
~ **record** formatgebundener Datensatz
~ **screen** formatierter Bildschirm
formatter Formatierer *(Programm)*
formatting Formatierung *(von Daten)*
~ **control** Formatsteuerung
formfeed Seitenvorschub

forward

forward 1. vorwärts, Vorwärts...;
2. Durchlaß... *(Spannung)*
~ **chaining** Vorwärtsverkettung
~ **supervisor** Vorwärtssteuerung
four-colour graphics Vierfarb[en]grafik
FPU *s.* floating-point unit
fractals Fraktale, fraktale Objekte
fraction Bruch *(Mathematik)*
~ **bar** Bruchstrich
fractional exponent gebrochener Exponent
fracture brechen, zerlegen
frame Rahmen, Bezugsrahmen, Bild, Bildfeld, Einzelbild *(eines Displays)*
~ **address** Segmentadresse, Rahmenadresse
~ **check sequence** Prüfzeichen
~ **control** Steuerzeichen
~ **pointer** Stackrahmenpointer
framing program Rahmenprogramm
free befreien
~ **allocated memory** Speicher freigeben *(Speicherverwaltungssystem)*
free frei
~ **programmable** freiprogrammierbar
~ **reference** freie Referenz
~ **state** freier Zustand
frequency Frequenz
~ **modulation recording** Wechseltaktschrift
~ **shift keying** Frequenzumtastung, Frequenzumtastverfahren
front Vorderseite, Stirnseite
~ **end** Eingangsteil
FSK *s.* frequency shift keying
FSM *s.* finite state machine
FTAM *s.* file transfer, access, and manipulation
full voll, gefüllt
~ **adder** Volladdierer
~ **associative cache** voll assoziativer Cache
~ **coder** Vollkodierer
~-**custom design** Kundenvollentwurf
~-**custom IC** Kunden-IC, Kundenschaltkreis
~ **duplex mode** Gegenbetrieb, Duplexbetrieb
~ **flush** links- und rechtsbündig *(ausgedruckte Seiten; DTP)*
~-**page display** Ganzseitenbildschirm
~-**page screen** Ganzseitenbildschirm
~-**screen** *auf den gesamten Bildschirm bezogen*

32

~ **subtractor** Vollsubtrahierer
fully custom circuit Vollkundenschaltung
function Funktion
~ **bit** Funktionsbit
~ **block diagram** Funktionsblockdiagramm
~ **body** Funktionsrumpf
~ **button** Funktionstaste
~ **byte** Funktionsbyte
~ **call** Funktionsaufruf
~ **dispatcher** Funktionsdispatcher
~ **generator** Funktionsgenerator
~ **key** Funktionstaste
~ **module** Funktionsbaustein
functional Funktions...
~ **block diagram** Funktionsblockschaltbild
~ **checkout** Funktionsprüfung
~ **deviation** Funktionsabweichung
fuse Sicherung
fusible link Durchschmelzverbindung
fuzzy verschwommen, unscharf

G

gain Verstärkung
game adapter Spieladapter
gap Lücke, Spalt *(Raum zwischen den Sektoren einer Diskette)*
~ **character** Lückenzeichen
~ **digit** Füllziffer
~ **filling program** Füllprogramm
~ **length** Zwischenraumlänge
garbage Abfall, Müll; bedeutungslose Daten
~ **collection** Freispeichersammlung, Müllbeseitigung, Speicherbereinigung *(Säuberung des Speichers von nicht mehr benötigten Daten)*
~ **collector** Algorithmus zum Sammeln von ungenutztem Speicherplatz
~ **in garbage out** *Hacker-Jargon: wird Mist eingegeben, kommt Mist heraus*
gate array Master-Slice *(Kundenschaltkreis)*
gating pulse Tastimpuls
GDI *s.* graphics device interface
GDP *s.* generalized drawing primitive
GE *s.* greater than or equal
general allgemein
~ **problem solver** allgemeiner Problemlöser

~ **protection fault** allgemeiner Schreibschutzfehler
~-**purpose** universell, Universal..., allgemein [verwendbar]
~-**purpose interrupt** allgemeiner Interrupt, General-Purpose-Interrupt
~-**purpose program** allgemeines Programm
~-**purpose register** Mehrzweckregister
generality Allgemeinheit
generalized drawing primitive verallgemeinertes Darstellungselement
generate erzeugen, herstellen, generieren
~ **and test** generieren und testen *(KI)*
generating program Generator *(Programm)*
generation of programs Programmerzeugung
generator Generator *(Programm)*
generic class declarations generische Klassendeklarationen
~ **name** generischer Name
~-**package instantiation** Instantiierung eines generischen Pakets
~ **package specification** generische Spezifikation eines Pakets
~ **parameter** generischer Parameter
~-**subprogram instantiation** Instantiierung eines generischen Unterprogramms
~ **subprogram specification** generische Spezifikation eines Unterprogramms
get date das Datum setzen; das Datum lesen
~ **disk free space** den Platz auf dem Laufwerk lesen
~ **file size** die Dateigröße bestimmen
~ **handle name** den Namen eines Handlers ermitteln
~ **return code of child process** den Returnkode vom Kindprozeß lesen
~ **status** das Statuskennzeichen angeben
~ **time** die Uhrzeit setzen; die Uhrzeit lesen
~ **unallocated page count** die Anzahl der freien Seiten ermitteln
~ **verify state** den Status für Verifizieren lesen
~ **version** die Versionsnummer ermitteln, die Versionsnummer angeben
GIGO *s.* garbage in garbage out

give access Zugang ermöglichen
GKS *s.* graphic[al] kernel system
global global, Gesamt...
~ **address space** globaler Adreßraum
~ **control** globale Steuerung
~ **descriptor table** Globaldeskriptortabelle
~ **domains** globale Objekte
~ **predicates** globale Prädikate
glue logic *Hardware, billig, mit geringem Stromverbrauch und wenig Aufwand, im Rahmen eingebetteter Computeranwendungen*
go gehen; starten
goal Ziel
goto action Sprunganweisung, Sprung
~ **statement** *s.* goto action
grammar checker Grammatikprüfprogramm
graph Graphik
graphic[al] grafisch, graphisch
~ **capability** Grafikfähigkeit
~ **card** Grafikkarte
~ **data** Grafikdaten
~ **input** grafische Eingabe
~ **kernel system** grafisches Kernsystem, GKS
~ **symbols** Bildzeichen
~ **user interface** grafisches Interface für Nutzer
graphics grafische Darstellung
~ **capability** Grafikfähigkeit
~ **device interface** Grafikschnittstelle
~ **display** Grafikanzeige, Grafikausgabe
~ **editor** Grafikeditor
~ **library** Grafikbibliothek
~ **printer** Grafikdrucker
~ **processing** Grafikverarbeitung
~ **processor** Grafikprozessor
~ **terminal** Grafikterminal
greater [than] größer [als]
~ **than or equal [to]** größer oder gleich
greatest common divisor größter gemeinsamer Teiler
green grün
grey grau
grid 1. Gitter; 2. Raster; 3. Koordinatennetz
group Gruppe
~ **item** Datengruppe
~ **mark[er]** Gruppenmarke
~ **repeat count** Gruppenwiederholzahl
~ **separator** Gruppentrennzeichen

guarded
guarded geschützt
~ **choice** geschützte Auswahl

H

H-flag s. half-carry flag
hacker Hacker *(Computerfreak, der fremde Computerkodes knackt, um Zugriff zu gespeicherten Fremdinformationen zu erhalten)*
half-byte s. nibble
~-**carry flag** Halbübertragsflag, H-Flag
~ **duplex** Halbduplex *(Betriebsart)*
halt instruction Haltbefehl, Stoppbefehl
ham radio Amateurfunk
handle handhaben; verarbeiten
handle Dateinummer
~ **function** Dateinummernfunktion
handler 1. Handler, Handhabevorrichtung; 2. Programm, Routine, Behandlungsroutine
~ **identification** Handler-Identifikation, Identifikation *(eines Handlers)*
handling Handhabung; Verarbeitung
~ **capability** Handhabbarkeit
~ **routine** Steuerprogramm
handshaked mit Quittungsbetrieb
handshaking Quittungsbetrieb, Handshaking
hard hart
~ **copy** Druckkopie, Hartkopie, Hardcopy, Bildschirmausdruck
~ **copy support** Hardcopy-Unterstützung
~ **disk** Festplatte, Hartdiskette, Hard-Disk
~ **disk drive** Festplattenlaufwerk
~ **disk management** Festplattenspeicherverwaltung
~ **disk stor[ag]e** Hartplattenspeicher
~ **disk system** Plattensystem
~-**sectored** hartsektoriert *(Markierung auf Disketten)*
~-**wired** festverdrahtet
hardboard nichtflexible Platte
hardware Hardware *(Geräte, Anlagen und Ausrüstungen)*
~-**based** hardwareorientiert
~ **code-pages** Zeichensatztabellen für Bildschirm und Drucker
~ **device driver** Hardwaretreiber
~ **interrupt** Hardware-Interrupt *(durch einen Hardwarevorgang ausgelöster Interrupt)*
~-**invoked** hardwarebedingt
~ **language** Maschinensprache
~ **malfunction** Maschinenfehler
~ **monitoring** Ablauf von Monitorfunktionen in technischen Einrichtungen des Systems
~ **protection** Hardwaresicherung
~ **representation** maschinengebundene Darstellung
... **has no value** ... hat keinen Wert *(Fehlermeldung)*
hash addressing Hash-Adressierung
~ **total** Überschlagssumme, Kontrollsumme
~ **total field** Kontrollsummenfeld
hazard 1. Gefahr; 2. Stör[ungs]quelle
HD- s. high-density
HDD s. hard disk drive
head 1. Kopfzeile; 2. Kopftext
~ **crash** *Datenverlust auf der Speicherplatte durch Ausfall der Platte*
header Vorlauf, Vorspann, Vorsatz, Header
~ **label** Vorsatz, Bandvorsatz, Dateivorsatz
~ **label check** Vorsatzprüfung, Kennsatzprüfung
headerless kopflos, hirnlos *(Kodes)*
heading [line] Überschrift, Kopfzeile, Headline
heap Halde, Heap
heat erwärmen
heat Wärme
heavy 1. stark; schwer; 2. fett *(Schrift)*
height Höhe
help helfen
help function Unterstützungsfunktion
~ **menu** Hilfsmenü
hexadecimal hexadecimal
~ **number system** hexadezimales Zahlensystem, Zahlensystem mit Basis 16
hidden verborgen, versteckt *(Datei)*; verdeckt *(Linien)*
~ **directory** verstecktes Verzeichnis *(Dateiverzeichnis, Inhaltsverzeichnis)*
~ **file** versteckte Datei
~-**line removal** Entfernung verdeckter Kanten
~-**surface removal** Entfernung verdeckter Flächen
~ **system** versteckte Systemdatei
hierarchical hierarchisch
high hoch

~ **address** höchste benutzte Speicheradresse, hohe Adresse
~ **bank** höherwertige Bank
~ **byte** hochwertiges (oberes) Byte
~-**density** von hoher Dichte, von hohem Integrationsgrad, hochintegriert
~-**level compiler** Compiler für höhere Programmiersprachen
~-**level [programming] language** höhere Programmiersprache
~-**order** höherwertig (z. B. Bits, Ziffern)
~-**performance** Hochleistungs...
~-**performance personal computer** Hochleistungs-PC
~-**resolution** hochauflösend (Bildschirme)
~-**resolution personal computer** PC mit hoher Auflösung, PC mit hohem Auflösungsvermögen
~-**speed** schnell
~-**speed access** schneller Zugriff
~-**speed bus** Hochgeschwindigkeitsbus
~-**speed computer** Hochleistungsrechner
~-**speed memory** Schnellspeicher
~-**speed printer** Schnelldrucker
~-**speed storage** Speicher mit schnellem Zugriff
highlighted hervorgehoben
hit Treffer (Informationen sind im Cache bereits vorhanden)
~ **logic** Trefferlogik
~ **rate** Trefferrate
HLR s. hidden-line removal
hold 1. halten (Daten); 2. anhalten
home computer Heimcomputer
horizontal horizontal, Horizontal..., waagerecht
~ **scroll** horizontaler Bildlauf, horizontales Scrolling (der Bildschirminhalte)
host [computer] Hostrechner, Wirtsrechner
~ **language** Wirtssprache, Trägersprache
hot 1. heiß; 2. nicht geerdet
~ **key** [schnelle] Funktionstaste
housekeeping function Verwaltungsfunktion
~ **instruction** Organisationsbefehl
~ **operations** Organisationsmaßnahmen, Verwaltungsoperationen
~ **routine** internes Verwaltungsprogramm

housing Gehäuse
HSR s. hidden-surface removal
HT = Horizontal Tabulator (Formatsteuerzeichen)
hue Farbe; Farbton, Tönung
hybrid hybrid, Hybrid..., analog und digital
~ **computer** Hybridrechner
~ **services** Hybriddienste
hyphen Bindestrich
hyphenation Silbentrennung

I

I can't find the disk drive Diskettenlaufwerk kann nicht gefunden werden (Fehlermeldung)
I can't ... while loading beim Laden kann nicht ... (Fehlermeldung)
I don't have enough buffer es sind nicht genügend Puffer übrig (Fehlermeldung)
I don't know what to do with ... man weiß nicht, was man mit ... anfangen soll (Fehlermeldung)
I'm having trouble with the disk es gibt Trouble mit der Diskette, es gibt Schwierigkeiten mit der Diskette, es gibt Ärger mit der Diskette (Fehlermeldung)
I'm out of space der Speicherplatz ist erschöpft (Fehlermeldung)
IC s. integrated circuit
icon Ikon, Bildsymbol, Piktogramm (grafisches Zeichen auf dem Bildschirm)
ICR s. interrupt command register
IDE s. integrated development environment
identification Kennzeichnung
~ **division** Erkennungsteil (eines COBOL-Programms)
identifier Identifikator, Bezeichner
~ **list** Namensliste
identify bezeichnen, kennzeichnen
idle ruhend, wartend
idle Leerbefehl
~ **state** Ruhezustand
~ **time** Leerzeit, Verlustzeit
~-**time threads** "faule" Threads
IDP s. integrated data processing
IDT s. interrupt descriptor table
if wenn
~-**action** s. if-statement

if

~-**statement** Wenn-Anweisung
IF s. interrupt flag
illegal unzulässig *(Operationen, Zeichen)*; nicht erlaubt, verboten
~ **instruction** unzulässiger Befehl
illuminated beleuchtet
illumination Beleuchtung
image Bild, Kopie
~ **definition** Bildschärfe
~ **processing** Bildverarbeitung
~ **vision** Bilderkennung
imaginary outermost process imaginärer äußerster Prozeß
immediate sofort, Sofort..., schnell, Schnell..., unmittelbar
~ **access** unmittelbarer Zugriff, Sofortzugriff
~-**access storage** Schnellzugriffsspeicher
~ **addressing** unmittelbare Adressierung
~ **instruction** Direktbefehl
imperative rules imperative Regeln *(KI)*
~ **statement** unbedingte Anweisung
implement implementieren, ausführen, realisieren
implementation Implementierung, Ausführung, Realisierung
implication Implikation *(logische Verknüpfung)*
implicit implizit
~ **statement** implizite Anweisung
~ **value receive name** impliziter Empfangsname
implied addressing implizierte Adressierung
improper argument unzulässiges Argument
IMR s. interrupt mask register
in-line processing unmittelbare Verarbeitung *(der Daten)*
inaccessible nicht zugänglich
inch Zoll (= 25,4 mm)
include integrieren, einschließen
incompatibility Unverträglichkeit, Inkompatibilität
incomplete unvollständig
~ **type declaration** unvollständige Typdeklaration
incorrect assignment inkorrekte (nicht korrekte) Zuweisung
incorrectly terminated inkorrekt (fehlerhaft) abgeschlossen
increase erhöhen, steigern

increment inkrementieren *(erhöhen durch Addition)*
increment Inkrement, Zunahme, Zuwachs
incremental Inkremental... *(Rechner)*; Inkrementen... *(Integrator)*; Zuwachs... *(Daten)*
independent unabhängig
independently addressable unabhängig adressierbar
index indizieren
index Index
~ **constraint** Indexeinschränkung
~ **name** Indexname
~ **register** Indexregister
~-**sequential access method** indexsequentieller Zugriff
indexed indiziert *(Adressierung)*
~-**sequential access** indexsequentieller Zugriff
indexing Indizierung
indicate anzeigen
indicating instrument Anzeigevorrichtung
indicator Anzeigevorrichtung
indirect indirekt
~ **address** indirekte Adresse
~ **addressing** indirekte Adressierung
~ **base class** indirekte Basisklasse
~ **strongly visible** indirekt stark sichtbar
~ **threaded code** indirekter Fadenkode
individual individuell, einzeln, Einzel...
~ **file** Einzelfile, Einzeldatei
induce induzieren
induced induziert
inductive induktiv, Induktions...
infinite unendlich
~ **loop** unendliche Schleife
~ **series** unendliche Reihe
infinity Unendlichkeit
information Information
~ **channel** Datenkanal
~ **content** Informationsgehalt
~ **density** Informationsdichte
~ **exchange** Datenaustausch
~ **heading** Informationsvorspann
~ **processing** Informationsverarbeitung
~ **rate** Informationsfluß
~ **representation** Informationsdarstellung
~ **retrieval** Informationswiederauffindung, Informationswiedergewinnung

instruction

~ **separator** Informationstrennzeichen
~ **transfer phase** Datenübertragungsphase
~ **transmission** Informationsübertragung
inherent addressing inhärente Adressierung
inherited error mitgeschleppter Fehler
inhibit ausblenden, unterdrücken; sperren
initial address Anfangsadresse
~ **input** Ersteingabe
~ **program loader** Anfangslader, Ur[programm]lader, Bootstrap-Lader
~ **state** Grundzustand
~ **task** Wurzeltask
~ **value** Anfangswert
initialization Initialisierung
~ **section** Initialisierungsabschnitt
initialize initialisieren, einrichten
initializer Initialisierer *(Vorbereitungsprogramm)*
initiate initiieren, auslösen
ink markieren *(mit Tinte)*
ink Tinte
~-**jet plotter** Tintenstrahlplotter
inked ribbon Farbband
inner joint innere Verbindung
input eingeben *(Daten)*
input 1. Eingabe *(von Daten)*; 2. Eingang; 3. Eingangsleistung
~ **address buffer** Eingabeadreßpuffer
~ **area** Eingabebereich
~ **block** Eingabeblock
~ **buffer [storage]** Eingabepuffer[speicher]
~ **control** Eingabesteuerung
~ **data** Eingangsdaten, Eingabedaten
~ **document** Eingabebeleg
~ **error** Eingabefehler
~ **file** Eingabedatei
~ **format** Eingabeformat
~ **instruction** Eingabebefehl
~ **medium** Datenträger für die Eingabe
~ **mode** Eingabemodus
~-**output** Eingabe-Ausgabe..., E/A-...
~-**output command** Eingabe-Ausgabe-Befehl, E/A-Befehl
~-**output control** Eingabe-Ausgabe-Steuerung, E/A-Steuerung
~-**output driver** Eingabe-Ausgabe-Treiber, E/A-Treiber
~-**output instruction** Eingabe-Ausgabe-Anweisung, Eingabe-Ausgabe-Befehl, E/A-Anweisung, E/A-Befehl
~-**output privilege level** Eingabe-Ausgabe-Privilegierungsstufe
~-**output request** Eingabe-Ausgabe-Anforderung, E/A-Anforderung
~ **port** Eingabetor, Eingabekanal
~ **program** Eingabeprogramm
~ **prompt** Eingabeaufforderung
~ **queue** Eingabewarteschlange
~ **record** Eingabebeleg
~ **selection** Eingabeauswahl
~ **signal** Eingabesignal
~ **station** Eingabestation
~ **status function** Eingabestatusfunktion
~ **storage** Eingabespeicher
~ **string** Eingabefolge
~ **unit** Eingabeeinheit, Eingabegerät
~ **window** Eingabefenster
inquire abfragen
inquiry Abfrage
~ **control** Abfragesteuerung
~ **statement** Abfrageanweisung, Abfragebefehl
~ **station** Abfrageplatz
~ **unit** Abfrageeinheit
insert einsetzen, einfügen *(Zeichen, Zeilen)*; einlesen *(einer Datei)*
insert Einfügemodus
~ **command** Einfügebefehl
inserted eingefügt, Einfügungs...
insertion Einfügung, Einfügen *(z. B. von Zeichen, Zeilen)*
~ **character** Einfügungszeichen
~ **sort** Sortieren durch Einfügen
~ **tool** Bestückungswerkzeug
inspect prüfen, kontrollieren
inspection Prüfung, Kontrolle
installation Aufbau, Montage, Installation *(von Systemen)*
~ **disk** Installationsdiskette
~ **process** Installationsprozeß
instance Instanz *(KI)*
~ **mode** Instanzmode
~ **value** Instanzwert
instantiation Instantiierung
instruction Befehl, Anweisung (*s. a. unter* command)
~ **abort** Befehlsabbruch
~ **address** Befehlsadresse
~ **chain** Befehlskette
~ **chaining** Befehlskettung
~ **counter** Befehlszähler
~ **cycle** Befehlszyklus

instruction

- ~ **execution** Befehlsabarbeitung, Befehlsausführung
- ~ **format** Befehlsstruktur, Befehlsaufbau
- ~ **length** Befehlslänge *(in Bits)*
- ~ **list** Befehlsliste, Anweisungsliste
- ~ **pointer register** Befehlszeigerregister, Befehlszeiger
- ~ **queue** Befehlswarteschlange
- ~ **register** Befehlsregister
- ~ **set** Befehlsvorrat, Befehlssatz
- ~ **unit** Befehlseinheit
- ~ **word** Befehlswort

integer ganzzahlig
integer ganze Zahl
- ~ **constant** Integerkonstante, ganzzahlige Konstante
- ~ **number** ganze Zahl
- ~ **variable** ganzzahlige Variable, Integer-Variable

integral part ganzzahliger Teil
integrate integrieren
integrated integriert
- ~ **cash register system** Kassenverbundsystem
- ~ **circuit** integrierter Schaltkreis, IC
- ~ **circuit memory** integrierte Speicherschaltung
- ~ **data processing** integrierte Datenverarbeitung
- ~ **development environment** integrierte Entwicklungsumgebung
- ~ **services digital network** digitales Fernmeldenetz mit integrierten Kommunikationsdiensten, dienstintegriertes digitales Nachrichtennetz

integration Integration
integrator Integrator
intelligent keyboard intelligente Tastatur
interactive interaktiv *(Programmierung)*, Dialog..., im Dialog, dialogfähig *(Geräte)*
- ~ **data processing** Dialogbetrieb
- ~ **mode** Dialogbetrieb
- ~ **processing** Dialogverarbeitung, Datenverarbeitung im Dialog
- ~ **query** Dialogabfrage
- ~ **videotex** Bildschirmtext
- ~ **videotex equipment** Endgeräte für Bildschirmtext

interchangeable austauschbar
interface anschließen, verbinden
interface Interface, Schnittstelle
- ~ **adapter** Schnittstellenadapter, Interface-Adapter
- ~ **card** Schnittstellenkarte
- ~ **control informations** Schnittstellensteuerdaten
- ~ **module** Schnittstellenmodul, Interfacemodul

interfaced angekoppelt
interfacing Anpassung *(Schnittstellen)*
interleave verzahnen, verschachteln *(Operationen)*; überlappen
interleaving Verschachtelung
interlock verriegeln *(Schaltungen)*
intermediate Zwischen...
- ~ **storage** Zwischenspeicherung

intermittent intermittierend, aussetzend
internal intern, Intern...
- ~ **command** interner Befehl
- ~ **memory** interner Speicher, Internspeicher
- ~ **procedure** interne Prozedur
- ~ **program memory** interner Programmspeicher
- ~ **table** interne Tabelle

internally stored intern gespeichert *(Programm)*
interoperability Netzwerkfähigkeit
interpret interpretieren
interpreter Interpreter, Interpretierer
- ~ **layer** Interpreterebene

interrecord gap Satzlücke, Satzzwischenraum
- ~ **sequence field** Sortierfeld für Satzfolge

interrogate abfragen
interrogate feature Abfrageeinheit, Abfrageeinrichtung
interrogation Abfrage
interrupt Unterbrechung, Programmunterbrechung
- ~ **acknowledge** Interruptquittierung, Unterbrechungsrückmeldung
- ~ **address** Interruptadresse
- ~ **call** Interruptaufruf
- ~ **command register** Interruptbefehlsregister
- ~ **control byte** Interruptsteuerbyte
- ~ **controller** Interruptsteuerschaltkreis
- ~ **descriptor table** Interruptdeskriptortabelle
- ~ **disable** Unterbrechungssperrung, Interruptsperrung
- ~ **enable** Unterbrechungsfreigabe, Interruptfreigabe

- ~ **enable mask** Interruptmaske
- ~ **entry point** Interrupteinsprungspunkt
- ~ **flag** Interruptflag
- ~ **handler** Interruptbearbeitungsroutine, Interrupt-Handler-Routine
- ~ **handling** Unterbrechungsbehandlung, Interruptbehandlung
- ~ **handling with program start** Interruptbehandlung mit Programm-Start
- ~ **instruction** Unterbrechungsbefehl, Interruptbefehl
- ~ **level** Unterbrechungsstufe, Programmunterbrechungsebene
- ~ **mask register** Interruptmaskierungsregister
- ~ **nesting** Interruptverschachtelung, Schachtelung von Interrupts
- ~ **pending request** Interruptanforderung
- ~ **register** s. interrupt request register
- ~ **request** Unterbrechungsanforderung, Unterbrechung auf Anforderung
- ~ **request line** Unterbrechungsanforderungsleitung
- ~ **request register** Interrupt[anforderungs]register, Unterbrechungs[anforderungs]register
- ~ **routine** Interruptroutine, Unterbrechungsprogramm
- ~ **service register** Interruptserviceregister
- ~ **service routine** Unterbrechungsserviceroutine, Unterbrechungsbehandlungsprogramm, Interruptserviceroutine
- ~ **system** Unterbrechungssystem, Interruptsystem
- ~ **vector table** Interruptvektorentabelle

interruption Unterbrechung, Programmunterbrechung
- ~ **pending** anstehende Programmunterbrechung

intersect sich schneiden *(Linien)*; kreuzen
intersection Schnittpunkt
INTR s. interrupt request
intrasystem systemintern, innerhalb des Systems
intrinsic intern, Eigen..., inner...
- ~ **command** interner Befehl
- ~ **function** eingebaute Funktion, interne Standardfunktion

introduce einführen, einfügen
invalid unzulässig, ungültig; fehlerhaft; falsch formatiert
- ~ **character** fehlerhaftes Zeichen
- ~ **direct command** falsches Direktkommando
- ~ **disk change** Plattenwechselfehler, Invalid-Disk-Change
- ~ **file indicator** falsches Filekennzeichen
- ~ **file name** falscher Filename, der angegebene Filename weicht vom Betriebssystem ab
- ~ **format** falsch formatiert
- ~ **instruction** unzulässiger Befehl
- ~ **key** ungültiger Schlüssel
- ~ **opcode exception** Operationskode-Exzeption
- ~ **open request** ungültiger Aufruf
- ~ **operation** ungültige Operation

invalidate invalidieren, ungültig machen
inventory Inventar *(Programm)*, Inventurprogramm
- ~ **data** Bestandsdaten
- ~ **file** Bestandsdatei, Bestandsfile
- ~ **liquidation** Liquidierung der Bestände

inverse umkehren
inverse Umkehr..., Gegen...
- ~ **feedback** Gegenkopplung
- ~ **function** Umkehrfunktion

I/O s. input-output
I/O bus Datenbus *(für Eingabe und Ausgabe)*, Eingabe-Ausgabe-Datenbus, E/A-Datenbus
I/O device handler Eingabe-Ausgabe-Treiber, E/A-Treiber
I/O operation Eingabe-Ausgabe-Operation, E/A-Operation
IOP s. imaginary outermost process
IOPL s. input-output privilege level
IP s. instruction pointer register
IPL s. initial program loader
IRQ s. interrupt request
IRR s. interrupt request register
irreversible irreversibel, nicht umkehrbar
irrevocable search irreversible Suche *(KI)*
... is never used ... wird nie verwendet
ISAM s. index-sequential access method
ISDN s. integrated services digital network

ISDN 40

ISDN switching system ISDN-Vermittlungssystem
... isn't a parameter ... ist kein Parameter *(Fehlermeldung)*
ISR s. 1. interrupt service register; 2. interrupt service routine
italic kursiv *(Schrift)*
item 1. Größe, Posten; 2. Datenwort, Element
itemize einzeln angeben
iteration Iteration, Wiederholung
~ **method** Iterationsverfahren
iterative loop Iterationsschleife

J

jack Buchse, Steckerbuchse
~ **panel** Klinkenfeld, Schaltplatte
job Job, Auftrag; Aufgabe
~ **control** Jobsteuerung, Auftragssteuerung
~ **control statement** Jobsteueranweisung
~ **directory** Jobverzeichnis
~ **end** Auftragsende, Jobende
~ **execution** Auftragsausführung, Jobausführung
~ **input stream** Jobeingabestrom
~ **library** Jobbibliothek
~ **management** Jobmanagement, Joborganisation
~-**oriented** aufgabenorientiert
~-**oriented terminal** aufgabenorientierte Daten[end]station, joborientierte Daten[end]station
~ **processing** Jobverarbeitung
~ **run** Jobabwicklung, Auftragsabwicklung
~ **scheduling** Jobplanung
~ **statement** Jobanweisung
~ **transfer and manipulation** Auftragsübermittlung und Verwaltung
join verbinden, zusammensetzen, zusammenfügen
joystick Joystick, Steuerknüppel *(für die Cursorbewegung auf dem Bildschirm)*
JTM s. job transfer and manipulation
jump springen
~ **to subroutine** ein Unterprogramm aufrufen
jump [absoluter] Sprung
~ **condition** Sprungbedingung
~ **conditionally** Sprung bedingt

~ **instruction** Sprungbefehl, Sprunganweisung, Verzweigungsbefehl
~ **order** s. jump instruction
~ **relative** relativer Sprung
~ **routine** Sprungprogramm
~ **to subroutine** Sprung ins Unterprogramm
~ **unconditionally** Sprung absolut
jumper Steckbrücke
justified margin mit Randausgleich *(Seiten; DTP)*

K

KAD s. knowledge-aided design
KB s. kilobyte
keep process den Prozeß speicherresident beenden
kernel Kern *(eines Betriebssystems)*
~ **level** Kernebene
kerning Unterschneiden *(Buchstabenkombinationen zur Veränderung der Zwischenräume beim DTP)*
~ **routine** Unterschneidungsprogramm
key 1. Schlüssel, Kode; 2. Taste, Drucktaste
~ **bank** Tastenreihe
~-**driven** tastengesteuert
~ **field** Schlüsselfeld *(in Tabellen)*
keyboard Tastatur
~ **arrangement for data input** Tastenanordnung für Dateneingabe
~ **card** Tastaturkarte
~-**controlled** tastengesteuert
~ **controller** Tastatur-Controller
~ **driver** Tastaturtreiber
~ **input interrupt** Tastatureingabeinterrupt
~ **inquiry** Tastaturabfrage
~ **layout** Tastenanordnung
~ **request** Abruftaste
~ **scan code** Tastaturauswahlkode
~ **substitutions** Tastaturänderungen
keyboarding Eingabe über Tastatur *(von Texten)*
keypad Handtastatur
keystroke Tastenanschlag
keyway Keilnut
keyword Schlüsselwort
~ **macro[instruction]** Schlüsselwort-Makro[befehl]
kilobyte Kilobyte *(= 1024 Byte)*
kilocycle Kilohertz, kHz

kind Art, Beschaffenheit
kink Knick *(einer Kurve)*, Schleife
knowledge Wissen
- ~ **acquisition** Wissenserwerb *(KI)*
- ~-**aided design** wissensbasiertes Konstruktionssystem
- ~ **base** Wissensbank; Wissensbasis *(KI)*
- ~ **engineering** Wissenstechnik *(KI)*

L

label Marke, Label; Kennsatz, Kennzeichen
- ~ **field** Namensfeld
- ~ **identifier** Markenbezeichner
- ~ **name** Kennsatzname
- ~ **printer** Etikettendrucker *(Etikettendruckprogramm)*
- ~ **records clause** Kennsatzeintragung
- ~ **selector** Kennsatzselektor
- ~ **track** Kennsatzspur

labelled common block benannter gemeinsamer Speicherblock
labelling Kennzeichnung
LAN *s.* local area network
language Sprache
- ~ **binding** Sprachschale *(im GKS-Schichtenmodell)*
- ~ **processor** Übersetzungsprogramm
- ~ **statement** Sprachanweisung
- ~ **translator** Sprachübersetzer

laptop [computer] Laptop, Schoßcomputer *(tragbarer PC)*
large groß
- ~-**area** großflächig, Groß...
- ~ **capacity** von großer (hoher) Kapazität
- ~ **format scanner** Großformat-Scanner
- ~ **high-resolution colour screen** hochauflösender Farb-Großbildschirm
- ~ **model** großes Speichermodell
- ~ **scale** hochintegriert *(Schaltkreise)*

laser-beam scanning Laserstrahlabtastung
- ~-**jet printer** Laser[strahl]drucker
- ~ **printer** Laserdrucker
- ~-**printer quality** Laserdrucker-Qualität
- ~ **scanner** Laserscanner
- ~ **storage** Laserspeicher
- ~ **typesetter** Lasersetzanlage

last address Endadresse
- ~ **cluster mark** Endmarke
- ~-**in-first-out** LIFO-Prinzip *(was zuletzt hereinkommt, geht zuerst hinaus)*
- ~ **name** Nachname

latch verriegeln, sperren; einklinken
latch Latch *(Speicher-Flipflop)*
- ~ **flip-flop** Latch-Flipflop

latched verriegelt
latency time Latenzzeit
lateral seitlich, lateral
lattice Gitter
lay legen
layer Schicht
layout Layout, [geometrischer] Entwurf
LCD *s.* liquid crystal display
LCS *s.* liquid crystal shutter
LE 1. = less than or equal *(Bedingungsnotation)*; 2. *s.* length 2.
lead durchschießen *(Zeilen; DTP)*
lead Leitung, Anschlußdraht
leader Vorspann
leading Zeilenabstand *(DTP)*
learn [er]lernen
learnability Erlernbarkeit
leased line Mietleitung
least recently used am längsten nicht benutzt
- ~ **significant bit** Bit mit dem niedrigsten Wert, niedrigstwertiges Bit, LSB
- ~ **significant character** Zeichen mit dem niedrigsten Wert, niedrigstwertiges Zeichen
- ~ **significant digit** Ziffer mit dem niedrigsten Wert, LSD

LED *s.* light-emitting diode
left links
- ~-**adjust** linksbündig ausführen *(Layout; DTP)*
- ~-**adjusted** linksbündig *(Layout; DTP)*
- ~ **arrow** Linkspfeil
- ~ **bracket** eckige Klammer auf
- ~-**justified** linksbündig *(Layout; DTP)*
- ~-**justify** linksbündig ausführen *(Layout; DTP)*
- ~ **margin** linker Rand *(DTP)*
- ~ **parenthesis** runde Klammer auf
- ~ **shift** Linksschieben, Linksverschiebung

legible lesbar
length 1. Länge; 2. Längenzeichen
- ~ **byte** Längenbyte
- ~ **repeat** wiederholtes Längenzeichen

less kleiner

less

- ~ **significant digit** unwesentliche Ziffer
- ~ **than** kleiner [als]
- ~ **than or equal** kleiner oder gleich

letter 1. Brief; 2. Buchstabe
- ~ **printer** Briefdrucker, Serienbriefdrucker *(Programm)*
- ~ **quality** Schöndruckqualität; Briefqualität *(Nadeldrucker)*
- ~-**quality printer** Schönschriftdrucker, Schönschreibdrucker
- ~ **string** Buchstabenfolge
- ~ **symbols** Formelzeichen

letterhead Briefkopf
lettering Beschriftung
level 1. Pegel; 2. Stufe; 3. Niveau
LF s. line feed
LFA s. link field address
LIB s. library manager
librarian s. library manager
library Bibliothek
- ~ **file** Bibliotheksdatei
- ~ **manager** Bibliotheksverwaltungsprogramm
- ~ **name** Bibliotheksname
- ~ **routine** Bibliotheksprogramm
- ~ **subroutine** Bibliotheksunterprogramm

lie liegen
life[time] Lebensdauer
- ~ **bound initialization** Lebenszeit-Initialisierung

LIFO s. last-in-first-out
LIFO-memory s. stack
lift-off correcting tape Lift-off-Korrekturband
~-off tapes abhebendes Löschen *(Korrekturbänder)*
light aufleuchten
light 1. hell; 2. Licht...; 3. leicht, schwach; 4. dünn, fein *(Linien)*; 5. mager *(Schrift)*
light Licht
- ~ **blue** hellblau
- ~ **condensed** schmalmager *(Schrift)*
- ~ **cyan** hellzyano
- ~-**emitting diode** Leuchtdiode
- ~ **green** hellgrün
- ~ **grey** hellgrau
- ~ **italic** kursiv mager *(Schrift)*
- ~ **pen** Lichtgriffel, Lichtstift
- ~ **red** hellrot

lightly schwach; leicht; dünn
limit begrenzen
limit 1. Grenze; 2. Grenzwert
limiter Begrenzer
- ~ **diode** Begrenzerdiode

limitless unbegrenzt
line 1. Linie, Strich; 2. Zeile; 3. Leitung
- ~-**addressable** zeilenadressierbar *(Speicher)*
- ~ **addressing** Zeilenadressierung
- ~ **by line** zeilenweise
- ~ **counter** Zeilenzähler
- ~ **deletion** Zeilenlöschung
- ~ **density** Zeilendichte
- ~ **does not exist** Zeile ist nicht vorhanden
- ~ **end** Zeilenende
- ~ **feed** Zeilenvorschub *(Formatsteuerzeichen)*
- ~ **height** Zeilenhöhe
- ~ **insertion** Zeileneinfügung
- ~ **justification** Zeilenausschluß
- ~ **number** Zeilennummer
- ~ **printer** Zeilendrucker, Paralleldrucker
- ~ **segment** Zeilensegment, Zeilenabschnitt
- ~ **spacing** Zeilentransport
- ~ **switching** Leitungsvermittlung
- ~ **termination** Leitungsabschluß
- ~ **terminator** Zeilenbegrenzer
- ~ **too long** Zeile (Programmzeile) [ist] zu lang
- ~ **width** Zeilenbreite

linear linear, Längen...
- ~ **distortion** lineare Verzerrung

linearity Linearität
lines per minute Zeilen je Minute *(Druckerleistung)*
- ~ **per second** Zeilen je Sekunde *(Druckerleistung)*

link verbinden
link 1. Link, Verbindung; Verbindungs[zugriffs]pfad; 2. Verweis, Zeiger *(auf das Nachfolgeelement in einer verketteten Liste)*; 3. Glied *(im semantischen Netz)*
- ~ **field** Linkfeld, Verkettungsfeld
- ~ **field address** Verkettungsfeldadresse

linkage Verknüpfung *(von Programmen)*
- ~ **editor** Programmverbinder, Verbindungsglied, Linker

linked verbunden, verkettet, Verbund...
- ~ **list** verkettete Liste, Verbundliste

linker Binder, Programmverbinder, Linker
linking loader Bindelader

LIPS s. logic inferences per second
liquid crystal display Flüssigkristallanzeige
~ **crystal shutter** Flüssigkristallschließer *(Druckertyp)*
list auflisten; ausgeben *(Zeilen)*
list Liste
~-**directed** listengesteuert
~ **element** Listenelement
~ **file** Listendatei
~ **format** Listenformat
~ **of instructions** Befehlsliste
~ **processing** Listenabarbeitung
lister Listendrucker
listing Listenschreiben
literal literal
literal Literal
~ **value** literaler Wert
load 1. laden *(Disketten)*; 2. einlesen *(Daten)*
~ **and execute** laden und ausführen *(Programme)*
~ **by program** durch ein Programm laden
~ **overlay** ein Überlagerungsprogramm (Overlay) laden
load 1. Laden; 2. Last, Belastung
~-**and-go** Laden und Verarbeiten, Umwandeln (Laden) und Ausführen
~ **instruction** Ladebefehl
~ **map** Ladetabelle
~ **mark** Bandvorsatz
~ **module** Lademodul
~ **point** Ladepunkt, Ladeadresse
loader s. program loader
loading Laden
~ **address** Ladeadresse
~ **routine** Ladeprogramm, Lader
local lokal, örtlich, Lokal...
~ **address space** lokaler Adreßraum
~ **area network** lokales Netz, LAN
~ **control** lokale Steuerung
~ **descriptor table** Lokaldeskriptortabelle
~ **environment** ortsübliche Umgebung
~ **loop** Amtsleitung
~-**source recording** Datenerfassung am Ursprungsort
~ **symbol** lokales Symbol
locate lokalisieren, feststellen *(Störungen)*
location 1. Lokalisierung; 2. Ort, Platz, Stelle; 3. Speicherplatz
~ **counter** Speicherplatzzähler

~ **declaration** Speicherplatzdeklaration
~ **procedure** Suchverfahren
locator Lokalisierer
lock sperren *(z. B. Datenbereiche)*; [ab]schließen
~ **a file** eine Datei sperren
lock Verriegelung
locked gesperrt; geschlossen
locking Sperren; Verriegelung
log protokollieren; erfassen *(Ergebnisse)*
~ **on** anmelden
log Protokoll
~-**out** Ausdruck *(eines Protokolls)*
logarithmic logarithmisch
logic logisch (s. a. unter logical)
logic Logik
~ **addition** logische Addition
~ **array** Logik-Array *(IC)*
~ **circuit** logische Schaltung, Logikschaltung
~-**controlled access memory** intelligente Speicherkarte
~ **diagram** Logikschaltplan
~ **family** Logikfamilie, Schaltungsfamilie
~ **inferences per second** logische Ableitungen je Sekunde *(Maßeinheit für die Verarbeitung deskriptiver Sprachen)*
~ **instruction** Logikbefehl
~ **order** logischer Befehl
~ **state analyzer** Logikanalysator
~ **symbol** Logiksymbol *(Schaltalgebra)*
logical logisch, Logik... (s. a. unter logic)
~ **disk volume** logischer Datenträger
~ **instruction** logischer Befehl
~ **link control** logische Verbindungssteuerung
~ **operation** logische Operation (Verknüpfung)
~ **page** logische Seite
~ **record** Datensatz
~ **unit number** logische Einheitennummer
long lang, Lang...
~-**distance data transmission** Datenfernübertragung, DFÜ
~-**distance service** Fernverkehrsdienst
~-**range** weitreichend

long

- **~ real** Long-Real-Format *(Gleitkommadarstellung)*
- **~-term** langfristig, Langzeit...
- **longitudinal** Längs...
- **longtime** Langzeit...
- **longword** Langwort
- **look ahead** Vorausschau, Vorgriff
- **~-ahead buffer** Look-Ahead-Puffer
- **~-ahead carry** vorausschauender Übertrag
- **loop** Schleife, Programmschleife
- **~ checking** Schleifentest
- **~ counter** Schleifenzähler
- **~ jump** Schleifensprung
- **~ operation** Schleifenanweisung
- **~ update** Schleifenauffrischung
- **loss** Verlust
- **lossy** verlustbehaftet
- **lost significance** Genauigkeitsverlust
- **low** niedrig
- **~ address** niedrigste benutzte Speicheradresse, untere (niederwertige) Adresse
- **~ bank** niederwertige Bank *(bezogen auf den Datenbus)*
- **~ byte** unteres Byte
- **~-energy** energiearm
- **~-loss** verlustarm
- **~-noise** geräuscharm; rauscharm *(Verstärker)*
- **~-order digit** Ziffer mit niedrigem Wert
- **~-power** leistungsarm
- **~-power drive** Low-Power-Laufwerk
- **~-speed** langsam
- **~ value** kleinstes Zeichen; kleinster Wert, Niedrigstwert
- **lowbyte** niederwertiges Byte
- **lower bound** untere Grenze
- **~ case** unteres Zeichen; untere Stellung
- **~ state** unterer Status
- **LPM** s. lines per minute
- **LPS** s. lines per second
- **LQ** s. letter quality
- **LRU** s. least recently used
- **LSA** s. logic state analyzer
- **LSB** s. least significant bit
- **LSD** s. least significant digit
- **luminance** Helligkeit *(des Bildschirms)*

M

- **MAC** s. 1. multiple-access computer; 2. media access control
- **machine** Maschine; Gerät
- **~ code** Maschinenkode
- **~ cycle** Maschinenzyklus
- **~ independent** maschinenunabhängig
- **~ instruction** Maschinenbefehl
- **~ instruction code** Maschinenbefehlskode
- **~ language** Maschinensprache
- **~ language program** Maschinensprachprogramm
- **~-oriented** maschinenorientiert *(z. B. Programmiersprachen)*
- **~ program** Maschinenprogramm
- **~-readable** maschinenlesbar, maschinell lesbar
- **~ serial number** Maschinennummer
- **~ status word** Maschinenstatuswort
- **~ time** Maschinenzeit
- **~ word** Maschinenwort
- **~-word boundary** Wortgrenze
- **macro** Makro[befehl]
- **macroassembler** Makroassembler
- **macrocall** Makroaufruf
- **macrochain** Macroverkettung
- **macroinstruction** Makrobefehl
- **macroprocessor** Makroübersetzer
- **magenta** magentarot, purpur
- **magnetic** magnetisch, Magnet...
- **~ bubble memory** Magnetblasenspeicher
- **~ card** Magnetkarte
- **~ card storage** Magnetkartenspeicherung
- **~ core store** Magnetkernspeicher
- **~ disk** Magnetplatte
- **~ disk memory** Magnetplattenspeicher
- **~ drum** Magnettrommel
- **~ drum storage** Magnettrommelspeicher
- **~ head** Magnetkopf
- **~ ink** Magnettinte
- **~ memory** Magnetspeicher
- **~ strip** Magnetstreifen
- **~ tape** Magnetband
- **~ tape cartridge** Magnetbandkassette
- **~ tape label** Magnetbandkennsatz
- **~ track** Magnetspur
- **magnify** vergrößern
- **mailbox** Mailbox, Briefkasten *(zur Sammlung von Mitteilungen bis zum Abruf)*
- **mailing list manager** Adressenmanager *(Adressenverwaltungssystem)*

main Haupt..., hauptsächlich
~ **memory** Hauptspeicher, interner Speicher
~ **menu** Hauptmenü
~ **program** Hauptprogramm, Hauptroutine
~ **routine** s. main program
mainframe [computer] Mainframe, Großrechner
maintain warten *(Geräte)*
maintenance Wartung, Instandhaltung
~ **routine** Wartungsroutine
~ **staff** Wartungspersonal
make directory das Verzeichnis eröffnen, MKDIR
malfunction Störung
~ **routine** Fehlersuchprogramm
management Verwaltung *(von Daten)*, Management
~ **games** Unternehmensspiele
manager Verwaltungsprogramm
manual manuell, von Hand, Hand...
~ **input** manuelle Eingabe *(von Daten)*
~ **operation** manueller Betrieb
manually operated handbetrieben
~ **switchable** manuell (von Hand) schaltbar
map abbilden
map Verzeichnis
mapped vorhanden und sichtbar
~ **memory** Bildspeicher
mapping Abbildung, Einteilung; Adreßzuordnung
margin Rand
~ **readjustment** Randverstellung
~ **stop** Randsteller
mark markieren
mark Marke, Markierung, Kennzeichnung; Merkmal
mask maskieren
~ **out** ausblenden
mask Maske
~**-oriented dialogue system** maskenorientiertes Dialogsystem
~**-programmable** maskenprogrammierbar
~ **programming** Maskenprogrammierung
maskable maskierbar *(Interrupts)*
~ **interrupt** maskierbarer Interrupt, maskierbare Unterbrechung
mass Masse
~ **stor[ag]e** Massenspeicher, Großraumspeicher

master Hauptgerät; Master, Leitrechner
~ **computer** Leitrechner
~ **data** Stammdaten
~ **file** Stammdatei, Hauptdatei
~ **program** Hauptprogramm
~**-slice** Master-Slice *(kundenbeeinflußbarer Universalschaltkreis)*
~ **tape** Stammband
match abgleichen; vergleichen
match Vergleich
matched abgestimmt, paarig
matrix printer Matrixdrucker, Nadeldrucker
maximize maximieren
maximum maximal, Maximal...
MB s. megabyte
mean mittlere, Mittel...
~ **value** Mittelwert
measure messen
measured value gemessener Wert, Meßwert
measurement Messung
measuring result Meßergebnis
mechanical mechanisch
media access control Medienzugangssteuerung
medium 1. mittel, Mittel...; 2. halbfett *(Schrift)*
~ **access control** Träger-Zugriffssteuerung
~ **condensed** schmalhalbfett *(Schrift)*
~ **condensed italic** kursiv schmalhalbfett *(Schrift)*
~ **extended** breithalbfett *(Schrift)*
~ **italic** kursiv halbfett *(Schrift)*
~ **model** mittleres Speichermodell
~ **outline** halbfett licht *(Schrift)*
~ **shaded** halbfett schattiert *(Schrift)*
mega macro Supermakrozelle
megabit Megabit
megabyte Megabyte
membrane Membrane; Folie
~ **keyboard** Folientastatur
memorize speichern
memory Speicher
~ **access** Speicherzugriff
~ **addressing** Speicheradressierung
~ **block** Speicherblock
~ **boundary** Speichergrenze
~ **capacity** Speicherkapazität
~ **card** Speicherkarte
~ **cell** Speicherplatz, Speicherzelle
~ **clear** Speicher gelöscht
~ **content** Speicherinhalt

memory

- ~ **control block** Speichersteuerblock
- ~ **dump** Speicherabzug, Speicherauszug
- ~ **expansion** Speichererweiterung
- ~ **full** das Speicherende ist erreicht
- ~ **layout** Speicheraufteilung
- ~ **location** Speicherplatz
- ~ **management** Speicherverwaltung
- ~ **management function** Speicherverwaltungsfunktion
- ~ **management unit** Speicherverwaltungseinheit, Speicherverwaltungsbaustein
- ~ **map** Speicherbelegungsplan, Speicherabbild
- ~ **mapping** Speicher-Mapping
- ~ **page pointer** Datensegmentzeiger
- ~ **pool** Speicherbereich
- ~ **protection** Speicherschutz
- ~ **register** Speicherregister
- ~ **request** Speicheranforderung
- ~-**resident** speicherresident
- ~-**resident program** speicherresidentes Programm
- ~-**resident utility program** speicherresidentes Dienstprogramm
- ~ **space** Speicherplatz
- ~-**upgrade board** verbesserte Speicherplatine

menu Menü
- ~-**controlled** menügesteuert
- ~-**driven** menügesteuert
- ~ **library** Menübibliothek
- ~ **selection** Menüwahl

merge mischen, verschmelzen
merge sorting Mischsortieren
message Nachricht, Meldung, Message
- ~ **cycle** Nachrichtenzyklus
- ~ **handling system** Nachrichtenaufbereitungssystem
- ~ **structure** Nachrichtenstruktur
- ~ **switching** Nachrichtenvermittlung

meta language Metasprache *(zur Beschreibung einer anderen Sprache)*
- ~ **member** Metaglied
- ~ **notation** Metabegriff

metafile Zwischendatei, Metafile
metal case Metallgehäuse
- ~ **housing** Metallgehäuse

MFlops = 1 Million Gleitkomma-Operationen je Sekunde
MFT = multiprogramming with a fixed number of tasks *(Typ eines Betriebssystems mit festgelegter Zahl der gleichzeitig abarbeitbaren Programme)*
MGA *s.* monochrome graphics adapter
MHS *s.* message handling system
MI *s.* maskable interrupt
micro *s.* microcomputer
microcomputer Mikrorechner, Kleinstrechner
microfilm reader Mikrofilmlesegerät
microfloppy [disk] Mikrodiskette
microgrip plotter Friktionsplotter
microinstruction Mikrobefehl
microprocessor Mikroprozessor
- ~ **instruction set** Mikroprozessorbefehlssatz
- ~ **operating systems interfaces** Schnittstellen von Mikroprozessor-Betriebssystemen
- ~ **unit** Mikroprozessor

microprogrammable mikroprogrammierbar
microprogramming Mikroprogrammierung
million instructions per second Millionen Befehle (Instruktionen) je Sekunde
- ~ **operations per second** Millionen Operationen je Sekunde

minicomputer Minicomputer, Kleinrechner
minimize minimieren
minimum average search time minimale mittlere Suchzeit
minor unit number Einheitenunternummer
MIPS *s.* million instructions per second
mirror spiegeln *(Elemente)*
mismatch Fehlanpassung, Nichtübereinstimmung *(von Daten)*
mismatched fehl (ungenügend, nicht) angepaßt
missing [es] fehlt
MMU *s.* memory management unit
mnemonic mnemonisch
mobile radio telephone Mobilfunktelefon
mobility Beweglichkeit
mode Betriebsart, Mode
- ~ **control register** Betriebsartenregister
- ~ **definition** Modedefinition

modem Modem, Modulator-Demodulator
modify modifizieren

modular modular *(z. B. Programmierung)*; in [selbständige] Teile zerlegt
~ **expansion card** modulare Erweiterungskarte
~ **software** Bausteinsoftware
modulate modulieren
modulation Modulation
module Modul, Programmmodul
~ **not found** der angegebene Modulname kann nicht gefunden werden
monadic operator monadischer Operator
monitor Monitor *(Gerät und Programm besonders für Überwachungs- und Steuerungsprozesse)*
~ **program** Überwachungsprogramm
monochrome einfarbig, Einfarben..., monochrom
~ **graphics adapter** Einfarben-Grafikadapter
~ **terminal screen** monochromer Terminalbildschirm
~ **video graphics display** Bildschirm für einfarbige grafische Anzeige
MOPS *s.* million operations per second
MOSI *s.* microprocessor operating systems interfaces
most significant bit Bit mit der höchsten Ordnungsnummer, höchstwertiges Bit
mount montieren
mounting card Montagekarte
mouse Maus *(zur Cursorbewegung auf dem Bildschirm)*
~-**controlled** mausgesteuert *(z. B. Cursor)*
~-**driven** mausgesteuert *(z. B. Cursor)*
~ **menu** "Maus"-Menü
~ **pad** Mausunterlage, Mausmatte, Mouse-Pad
~ **software** Maussoftware
move bewegen; schieben *(Elemente)*; verschieben *(Zeilen)*
~ **file pointer** die Filepointer-Stellung verändern
MPU *s.* microprocessor unit
MS *s.* mass storage
MS-DOS command MS-DOS-Kommando, MS-DOS-Befehl
MSB *s.* most significant bit
MSW *s.* machine status word
multi-carbon ribbon Mehrfachkarbon-Schreibband
~-**colour drum plotter** mehrfarbiger Trommelplotter

multiprogramming

~-**colour flatbed plotter** mehrfarbiger Flachbettplotter
~-**colour sprite** Mehrfarben-Sprite
~-**dimensional array** mehrdimensionales Feld
~-**pass compiler** Mehrpaßübersetzer
~-**tasking system** Multitasking-System *(zur gleichzeitigen Abarbeitung mehrerer Jobs)*
~-**user** Mehrnutzerbetrieb
~-**windowing** Mehrfenstertechnik
multiaccess Mehrfachzugriff
multiaddress Mehradreß...
multiaddressing Mehrfachadressierung
multichannel Mehrkanal...
multicomputer system Mehrrechnersystem
multifont reader Mehrschriftenleser
multilayer mehrschichtig
multilevel mehrstufig, indirekt *(Adressen)*; Mehrebenen... *(Speicherung)*; Mehrpegel...
~ **interrupt** Mehrebenen-Interrupt
multilingual mehrsprachig, Mehrsprachen...
~ **keyboard** Mehrsprachentastatur
multiple mehrfach, Mehrfach..., vielfach, Vielfach...
~ **access** Mehrfachzugriff
~-**access computer** Computer mit Mehrfachzugriff
~ **bus** Multibus, Mehrfachbus
~ **inheritance** mehrfache Vererbung *(zur Erzeugung einer neuen abgeleiteten Klasse aus mehr als einer Basisklasse)*
~ **interruption** Mehrfachunterbrechung
~ **workstation concept** Konzept der gleichzeitigen Nutzung mehrerer [grafischer] Arbeitsplätze
multiplexing Multiplexen
multiplication Multiplikation
multiplier 1. Multiplikator; 2. Multiplikand
multiply multiplizieren
multipoint connection Mehrpunktverbindung
multiprocessing Parallelverarbeitung, Simultanverarbeitung
multiprocessor Multiprozessor
~ **system** Multiprozessorsystem
multiprogramming Mehrfachprogrammierung, Multiprogramming

multiprogramming

~ **environment** Mehrprogramm-
betrieb[sorganisation]
~ **mode** Mehrprogrammbetrieb
multitasking Mehrprozeßbetrieb,
gleichzeitiger Ablauf mehrerer
Programme, parallele Verarbeitung
von Teilaufgaben, Multitasking *(Auf-
teilung des Prozessors zum Zwecke
der Abarbeitung mehrerer Program-
me zur gleichen Zeit)*
multiuser environment Mehrbenutzer-
umgebung
~ **system** Mehrbenutzerbetrieb, Mehr-
benutzersystem
multiwindow full-screen text editor
Multi-Window-Full-Screen-Texteditor
~ **screen** Mehrfensterbildschirm
~ **technique** Mehrfenstertechnik
multiword instruction Mehrwortbefehl
mutilate verstümmeln *(Nachrichten)*
mutilated verstümmelt
MVT = multiprogramming with a vari-
able number of tasks *(Typ eines
Betriebssystems, das eine dynami-
sche Aufteilung der Programme
realisiert)*

N

N-flag *s.* 1. add-subtract flag; 2. nega-
tive flag
n-way set associative cache n-Wege-
satzassoziativer Cache
NAK 1. *s.* negative acknowledgement;
2. = Not Acknowledge *(Übertra-
gungssteuerzeichen)*
name Name
~ **clash** Namenskonflikt
~ **field** Namensfeld
~ **field address** Namensfeldadresse
~ **string** Bezeichner
~ **too long** der Name ist zu lang
named benannt
natural language natürliche Sprache
~ **language understanding** Ver-
stehen natürlicher Sprache
NC *s.* 1. no carry; 2. numeric control
NDC *s.* normalized device coordinates
near nah; fast
~**-letter quality** NLQ-Qualität *(Druk-
kerqualität, die ein korrespondensfä-
higes Schriftbild darstellt, an die
"letter quality" aber nicht heranreicht)*
negate negieren

negation *s.* NOT function
negative negativ
~ **acknowledgement** negative Rück-
meldung
~ **flag** Negativflag
~ **logic** negative Logik
~ **print** Negativkopie
nest [ver]schachteln
nested verschachtelt *(z. B. Interrupts)*
~ **block** verschachtelter Block
~ **loop** geschachtelte Schleife
~ **scope** verschachtelter Bereich
~ **subroutines** verschachtelte Unter-
programme
nesting Verschachtelung
~ **store** stapelnder Speicher
network Netz[werk]
~ **environment** Netzumgebung
~ **layer** Vermittlungsebene, Netzwerk-
schicht, Netzschicht
~ **operating system** Netzwerk-
Betriebssystem
~ **termination** Netzabschluß
neuronal network neuronales Netz
neutral conductor Nulleiter
new page neue Seite *(DTP)*
~ **paragraph** neuer Absatz *(DTP)*
~ **start-up** erneute Inbetriebnahme
next address nächste Adresse
~ **higher address** nächsthöhere
Adresse
~ **record** nächster Datensatz
~ **record pointer** Zeiger für den
nächsten Satz
NF *s.* negative flag
NFA *s.* name field address
nibble Nibble, Halbbyte
~ **input-output** Halbbyte-Eingabe-
Ausgabe
nl, NL = new line *(Symbol)*
NLQ *s.* near-letter quality
NMI *s.* non-maskable interrupt
no address adressenfrei
~ **carry** kein (ohne) Übertrag
~ **file** keine Datei [vorhanden]
(Fehlermeldung)
~ **file selected** keine Datei ausge-
wählt *(Fehlermeldung)*
~ **operation** keine Operation *(Befehl)*;
Nulloperation, Leerschritt
~ **overflow** kein Überlauf
~ **source file** keine Quelldatei *(mit
dem Namen ... vorhanden)*
~ **source file present** Quelltext ist
nicht vorhanden *(Fehlermeldung)*

~ **source file present on disk** der Quellfile ist auf der Diskette nicht vorhanden *(Fehlermeldung)*
~ **source file present on input line** es ist kein Quellfile in der Kommandozeile angegeben *(Fehlermeldung)*
~ **system disk** keine Systemplatte vorhanden *(Fehlermeldung)*
node Knoten
noise Geräusch; Rauschen
non-available nicht verfügbar
~-**buffered** ungepuffert
~-**destructive** nichtzerstörend, zerstörungsfrei
~-**destructive read function** nichtzerstörende Lesefunktion
~-**executable** nicht ausführbar *(Anweisung)*
~-**executable statement** nichtausführbare Anweisung
~-**interruptible** nicht unterbrechbar
~-**maskable** nicht maskierbar *(Interrupts)*
~-**maskable interrupt** nichtmaskierbare Unterbrechung, nichtmaskierbarer Interrupt
~-**operable** nicht ausführbar *(Befehle)*
~-**recoverable** irreparabel *(Defekte)*
~-**referable** nicht referenzierbar
~-**repeatable** nicht wiederholbar
~-**return-to-zero** keine (ohne) Rückkehr nach Null *(Schreibverfahren)*
~-**subscripted** nichtindiziert
~-**volatile memory** nichtflüchtiger Speicher
~-**volatile RAM** nichtflüchtiger Schreib-Lese-Speicher
NOP *s.* no operation
normal 1. normal, Normal...; 2. normal *(Schrift)*
normalized device coordinates normierte Koordinaten, NK
~ **floating point** normalisiertes Gleitkomma
NOS *s.* next of stack
not aligned transmission asynchrone Übertragung
~ **allowed** nicht erlaubt, unerlaubt
~ **enough inputs to procedure** nicht genügend Eingaben für die Prozedur vorhanden *(Fehlermeldung)*
~ **enough memory** im Hauptspeicher ist nicht genügend Platz vorhanden *(Fehlermeldung)*
~ **equal [to]** ungleich
~ **installed** nicht installiert
~ **legal** nicht zulässig
~ **present** nicht vorhanden
~ **ready** nicht fertig, nicht bereit
~ **zero** nicht Null
NOT function Negation, NICHT-Verknüpfung
~-**operation** Negation, Boolesche Komplementierung
notation Schreibweise, Notation
notepad Notepad *(Zwischenspeicher für kleine Datenmengen)*
notes on compatibility Hinweise zur Kompatibilität (Verträglichkeit)
novelty Novität
NRZ *s.* non-return-to-zero
nucleus Kern
null character Nullzeichen
~ **string** Nullkette
number Zahl
~ **of buffers** Anzahl der Blockpuffer
~ **system** Zahlensystem
~ **too big** Zahl zu groß *(Fehlermeldung)*
numeric numerisch
~ **character** numerisches Zeichen
~ **control** numerische Steuerung, NC
~ **error** numerischer Fehler
~ **item** numerisches Datenwort
~ **value** Zahlenwert
numerical numerisch
NVRAM *s.* non-volatile RAM

O

object and number declaration Objekt- und Zahldeklaration
~ **code** Objektkode, Maschinenprogrammkode
~ **file name** Objektdateiname
~ **language** Zielsprache
~ **library** Objektbibliothek
~ **program** Objektprogramm, Zielprogramm; *auch* Maschinenprogramm
oblique schräg, Schräg...
occupied storage area belegter Speicherbereich
occupy belegen *(z. B. Speicherplätze)*
occur auftreten
occurrence Vorkommen
OCR *s.* optical character recognition
OCR document reader OCR-Schriftleser

OCR

~-inked woven fabric ribbon OCR-Gewebeschreibband
~-multi-strike carbon ribbon OCR-Mehrfachkarbon-Schreibband
octal Oktal...
~ digit Oktalziffer
~ notation Oktalschreibweise
odd ungerade *(z. B. Zahlen, Adressen)*
~ bank ungerade Bank
~-even Paritäts..., Ungerade-gerade...
~-even check Paritätsprüfung
~ figures ungerade Zahlen
~ function ungerade (schiefsymmetrische) Funktion
~ number ungerade Zahl
~ page ungerade Seite *(DTP)*
~ parity ungerade Parität
OEM s. original equipment manufacturer
OF s. overflow flag
off abgeschaltet
~-line off-line, Off-line-... *(unabhängig vom Rechner)*
~-line feature Anschluß *(für ein 2. Gerät, das unabhängig arbeiten kann)*
~-line processing Off-line-Betrieb, indirekte Datenverarbeitung
on eingeschaltet
~-chip chipintern *(auf einem Chip integriert)*; mitintegriert *(auf einem Chip)*
~-line on-line, On-line-... *(rechnerabhängig)*
~-line processing On-line-Betrieb, direkte Datenverarbeitung, *(vom Rechner)* unabhängige Verarbeitung *(von Daten)*
~-line vendor On-line-Host
~-line word processing software On-line-Textverarbeitungssoftware
~-state eingeschaltet
one eins, Ein...
~-address code Einadreßkode
~-and-one-half-spaced 1 1/2-zeilig *(DTP)*
~-dimensional eindimensional
~-level subroutine einstufiges Unterprogramm
~-pass compiler Einpaßübersetzer
~-way einseitig; Einweg...
ones complement Einerkomplement
open 1. öffnen; eröffnen *(Dateien)*; 2. abfallen *(Relais)*
~ file eine Datei eröffnen
~ handle den Kanal eröffnen
open offen

~ brace geschweifte Klammer
~ collector offener Kollektoranschluß, Open Collector
~ drain offener Drainanschluß, Open Drain
~-ended ausbaufähig, erweiterbar *(z. B. Programme)*
~ subroutine offenes Unterprogramm
~ system offenes System
~ systems interconnection Kommunikation offener Systeme, OSI-Modell *(für den Datenaustausch im Rechnerverbundmodell)*
opened file eröffneter File
operand Operand
~ expected Operand wird erwartet
~ missing der Operand fehlt *(Fehlermeldung)*
operate bedienen; betreiben *(Geräte)*; arbeiten
operating code Operationskode
~ condition Betriebsbedingung
~ disk Operating-Diskette
~ language Betriebssprache
~ mode Betriebsart
~ range Arbeitsbereich
~ system Betriebssystem, Operationssystem
~ system area Betriebssystembereich
~ threshold Ansprechschwelle
~ time Betriebszeit
operation Operation, Rechenoperation; Bedienung
~ checkout Funktionsprüfung
~ code Befehlskode, Operationskode
operational betriebsbereit
~ stack Arbeitsspeicher
operations research Unternehmensforschung
operator 1. Bediener, Bedienungsperson; 2. Operator *(Zeichen)*
operators guidance Bedienerführung *(Programm)*
optical optisch
~ character reader Klarschriftleser
~ character recognition optische Zeichenerkennung
~ characters OCR-Schrift
~ disk optische Speicherplatte
~ memory with digital information recording optischer Speicher mit digitaler Informationsaufzeichnung
~ read-only memory lesbare Bildplatte
~ scanner optischer Scanner

~ **scanning** optische Abtastung
optimize optimieren
option Option; Zusatzauswahl; Zusatzeinrichtung
optional wahlfrei, wahlweise
~ **file** Wahldatei
OR function Disjunktion, inklusives ODER
order 1. ordnen; 2. befehlen, anordnen
order 1. Reihenfolge; 2. Anweisung, Befehl; 3. Auftrag, Job; 4. Auftrag, Bestellung
ordered 1. geordnet; 2. angeordnet, geregelt
original artwork Originalvorlage
~ **equipment manufacturer** Originalgerätehersteller
origination address Ursprungsadresse
~ **subaddress** Ursprungsteiladresse
OROM s. optical read-only memory
OS s. operating system
OSA s. operating system area
oscillating sort oszillierendes Sortieren
OSI s. open systems interconnection
out of directory space der Adressenbereich des Inhaltsverzeichnisses wurde überschritten *(Fehlermeldung)*
~ **of disk space** der Speicherbereich der Diskette wurde überschritten *(Fehlermeldung)*
outage Ausfall
outer joint äußere Verbindung
outgoing message abgehende Nachricht
output ausgeben *(Daten)*
output 1. Ausgabe *(von Daten)*; 2. Ausgang
~ **block** Ausgabeeinheit
~ **buffer** Ausgabepuffer, Ausgangspuffer
~ **data** Ausgangsdaten, Ausgabedaten
~ **disable** Ausgabesperre, Ausgangssperre
~ **driver** Ausgabetreiber
~ **enable** Ausgangsfreigabe
~ **file** Ausgabedatei
~ **format** Ausgabeformat
~ **information** Ausgangsinformation
~ **instruction** Ausgabebefehl
~ **level** Ausgangspegel
~ **procedure** Ausgabeprozedur
~ **program** Ausgabeprogramm
~ **rate** Ausgabegeschwindigkeit

~ **status function** Ausgabestatusfunktion
~ **unit** Ausgabeeinheit, Ausgabegerät
overdriven übersteuert
overflow überlaufen, überschreiten *(z. B. Speicherkapazitäten)*
overflow Überlauf, Überschreiten, Überschreitung, Bereichsüberschreitung
~ **area** Überlaufbereich
~ **bit** Überlaufbit
~ **error** Überlauffehler
~ **exception** Überlauf-Exzeption
~ **flag** Überlaufflag, V-Flag
~ **register** Überlaufregister
~ **routine** Überlaufroutine
overhead Overhead *(zusätzlicher Zeitaufwand)*
overlap überlappen
overlap Überlappen, Überlappung
~ **window** Fenster des Bildschirms überlappen sich gegenseitig
overlay überdecken, überlagern
overlay 1. Überdeckung, Überlagerung; 2. Überlagerungssegment
~ **procedure** Überlagerungsprozedur
~ **program** Überlagerungsprogramm
~ **segment** Überlagerungssegment
~ **technique** Overlay-Technik, Überlagerungstechnik
overload überlasten; überladen; übersteuern
overload Überlastung; Übersteuerung
~ **indicator** Überlastungsanzeiger; Übersteuerungsanzeiger
overloaded überlastet; überladen; übersteuert
~ **function** überladene Funktion
overshoot überschreiten
overview Überblick
overwrite überschreiben *(Speicherinhalte)*
owner Eigentümer

P

pack verdichten *(Komprimieren von Daten)*
package 1. Paket *(in der Bedeutung: Programmpaket)*; 2. Gehäuse
~ **body** Implementationsteil eines Pakets

package

~ **lead** Gehäuseanschluß
~ **specification** Spezifikationsteil eines Pakets
packed gepackt
packet Datenpaket, Paket
~ **switching** Paketvermittlung
packing density Packungsdichte; Aufzeichnungsdichte
pad ergänzen, auffüllen
pad character Füllzeichen, Blindzeichen
padding Auffüllen
page seitenweise blättern
~ **down** [rückwärts] blättern, blättern nach unten, eine Seite weiter
~ **in** seitenweise einlagern *(in den Hauptspeicher)*
~ **out** seitenweise auslagern *(aus dem Hauptspeicher)*
~ **up** [vorwärts] blättern, blättern nach oben, eine Seite zurück
page Seite
~ **access time** Seitenzugriffszeit
~ **address register** Seitenadreßregister
~ **addressing** Seitenadressierung
~ **arrangement** Layout
~ **depth** Seitenlänge *(DTP)*
~ **display** Seitenanzeige *(DTP)*
~ **fault** Seitenfehler
~ **format** Seitenformat
~ **formatting** Seitenformatierung
~ **heading** toter Kolumnentitel *(DTP)*
~ **layout** Layout *(einer Seite)*
~ **layout program** Umbruchprogramm *(DTP)*
~ **make-up** Seitenumbruch
~ **make-up program** Umbruchprogramm *(DTP)*
~ **make-up software** Software für den Seitenumbruch
~ **mode** seitenweiser Zugriff *(Betrieb)*
~ **number** Seitenzahl
~ **overflow** Seitenüberlauf
~ **printer** Blattschreiber, Seitendrucker
pagination program Umbruchprogramm *(DTP)*
paging 1. Paging, Seitentechnik, Seitenaufteilung *(spezielle Speicherorganisation)*; seitenweises Verschieben *(nach oben und unten)* auf dem Bildschirm; 2. Funkrufdienste *(Cityruf, Mobilfunk, Europage etc.)*
paintbrush Farbpinsel

panning Bildschwenken *(Computergrafik)*
paper Papier
~ **carrier** Papierträger, Papierführung *(für Drucker, Schreibmaschinen)*
~ **feed** Papiervorschub
~ **-jam detection** Klemmschutz *(am Matrixdrucker)*
~ **tape** Lochstreifen
~ **tray** Papiermagazin
papers for continuous forms Papiere für Endlosvordrucke
paragraph Absatz *(in Texten; DTP)*
~ **end** Absatzende
parallel parallel, Parallel...
~ **I/O** parallele Eingabe-Ausgabe
~ **input-output** parallele Eingabe-Ausgabe
~ **operation** Parallelbetrieb
~ **port** parallele Schnittstelle
~ **printer** Paralleldrucker, Zeilendrucker
~ **-processing** parallelverarbeitend
~ **processing** Parallelverarbeitung, Simultanverarbeitung
~ **-serial operation** Parallel-Serien-Betrieb
~ **storage** Parallelspeicher
~ **subsystem bus** Parallel-Untersystem-Bus
parameter Parameter
~ **and result type profile** Parameter- und Ergebnistypprofil
~ **entry** Parametereingabe
~ **field** Parameterfeld
~ **field address** Parameterfeldadresse
~ **passing** Parameterübergabe
~ **string** Parameterfolge
parametric testing Parametertest, Parameterprüfung
parent directory Elternverzeichnis, übergeordnetes Verzeichnis
parenthesis runde Klammer
parenthesisfree klammerfrei *(Schreibweise)*
parenthesized geklammert
parity Parität
~ **bit** Paritätsbit, Paritybit, Kontrollbit
~ **check** Paritätsprüfung, Paritätskontrolle
~ **checker** Paritätsprüfer
~ **error** Paritätsfehler
~ **even** Parität gerade *(Bedingungsnotation)*
~ **flag** Paritätsflag, P-Flag

~ **interrupt** Paritätsinterrupt
~ **odd** Parität ungerade *(Bedingungsnotation)*
~**-overflow flag** Paritäts-Überlauf-Flag
part Teil, Bauteil
partial partiell, teilweise, Partial..., Teil...
~ **carry** Teilübertrag
~ **fraction** Partialbruch
~ **parity** Teilparität
partition einteilen, unterteilen, segmentieren
partition Region, Bereich, Programmbereich, Partition *(z. B. einer Festplatte)*
~ **table** Bereichstabelle *(z. B. auf einer Festplatte)*
partitioning Einteilung, Aufteilung *(eines Speichers in Bereiche)*
party line Gemeinschaftsleitung
pass durchlassen
pass Durchlauf; Lauf *(von Programmen)*
~ **by location** Speicherplatzübergabe
~ **by value** Wertübergabe
passage Durchgang
passive passiv
password Zugriffsschlüssel, Schlüsselwort, Kennwort *(für den Datenschub)*
paste-up Klebeumbruch *(DTP)*
patch ändern, korrigieren *(Programme)*
patch loader Korrekturlader
path Bahn; Pfad
~ **not found** Pfad nicht gefunden *(Fehlermeldung)*
pattern Muster
pause Pause
PC *s.* 1. personal computer; 2. program counter
PC host communication PC-Host-Kommunikation
PCB *s.* printed circuit board
PCI *s.* protocol control information
PDU *s.* protocol data unit
PE *s.* parity even
peak Spitze, Spitzenwert, Maximum
~ **value** Spitzenwert
peek einen Speicher auslesen
peer entity Partnerinstanz
~**-to-peer communication** Schicht-zu-Schicht-Kommunikation, Ebenen-zu-Ebenen-Kommunikation *(Schichtenmodelle in der Kommunikation)*
pending anstehend; schwebend *(Interrupts)*

penetrate eindringen
perfect 1. perfekt; 2. ideal *(z. B. Kristalle)*
perforate stanzen
performance 1. Leistungsfähigkeit; 2. Betriebsverhalten, Arbeitsweise
~**-enhanced board** Beschleunigerkarte *(Speichererweiterungskarte zur Leistungssteigerung eines Computers)*
~**-oriented** leistungsorientiert
~ **verification** Leistungsnachweis
periodic[al] periodisch
peripheral peripher, Peripherie...
peripheral *s.* peripheral equipment
~ **bus** peripherer Bus, Peripheriebus
~ **device** *s.* peripheral equipment
~ **equipment** peripheres Gerät, Peripheriegerät, Zusatzgerät
~ **interchange program** peripheres Austauschprogramm *(Übertragungs- und Kopierprogramm)*
~ **interface** Peripherieschnittstelle
~ **interface adapter** peripherer Schnittstellenbaustein
periphery card Peripheriekarte
permanent permanent, ständig, Permanent...
~ **store** nichtlöschbarer Speicher, Festspeicher
personal persönlich, Personal...
~ **computer** Arbeitsplatz-Computer, arbeitsplatzgebundener Rechner, Personalcomputer
PF *s.* parity flag
PFA *s.* parameter field address
PGA *s.* programmable gate array
phase Phase
~ **modulation** Phasenmodulation
~ **reversal** Phasenumkehr
~ **shift keying** Phasenumtastung
Phong shading Phong-Schattierung *(Computergrafik)*
photocomposition Lichtsatz
~ **program** Lichtsatzprogramm
phototypesetting Fotosatz
physical 1. physisch, stofflich; 2. physikalisch
~ **layer** Bitübertragungsschicht
~ **medium** Übertragungsmedium
~ **medium attachement sublayer** Medienankopplungssubschicht
~ **memory** reeller Speicher
~ **page** physische Seite

physical

- ~ **properties** physikalische Eigenschaften
- ~ **record** Datenblock
- ~ **signalling sublayer** Signalsubschicht
- **PIA** s. peripheral interface adapter
- **PIC** s. programmable interrupt controller
- **pick** Picker
- **pickup proximity** Abstand von der Zeichenfläche
- **picture** 1. Bild, Abbildung; 2. Format
- ~ **elements** Bildelemente
- ~ **file** Bilddatei
- ~ **format** Bildformat
- **pie chart** Tortengrafik
- **piggyback** Tochterplatine
- ~ **board** Aufsteckkarte, Aufsetzkarte, Huckepackkarte
- **pin** Anschluß, Anschlußstift, Pin
- ~ **connections** Anschlußbelegung
- **pinch** einschnüren, abschnüren
- **PIO** s. parallel input-output
- **PIP** s. peripheral interchange program
- **pipe** 1. Kommandokette; 2. Röhre, Pipe *(Speicherbereich, der von einem Prozeß als Shared Memory eröffnet wird)*
- **pipeline** kontinuierlich (fließbandartig) verarbeiten
- **pipelining** Fließbandverarbeitung, Pipelining, Pipeline-Verarbeitung *(von Befehlsfolgen)*; Parallelarbeit
- **piping** Datenübergabe zwischen Programmdateien
- ~ **parameter** Umleitungsparameter
- **pitch** Schreibdichte; Rastermaß
- **pixel** Pixel *(Bildelement)*
- **pixmap** Bitfeld *(2- oder 3-dimensional)*
- **PL** s. programming language
- **place** Stelle; Ort, Platz
- ~ **value** Stellenwert
- **placement** Anordnung, Plazierung
- **plain** einfach; unverschlüsselt
- ~ **value** einfacher Wert
- **planar** planar, Planar...
- **plate** Platte
- ~ **copying apparatus** Plattenkopiergerät
- **plated wire store** Magnetdrahtspeicher
- **play-back** lesen *(Daten)*
- **PLD** s. programmable logic device
- **PLE** s. programmable logic element
- **please** bitte!

- **plot** zeichnen, plotten *(Zeichnungen)*
- **plot command** Zeichenbefehl
- **plotter** Plotter *(Zeichengerät)*
- **plug** anschließen *(Geräte an das Stromnetz)*
- **plug** Stecker
- ~ **compatible** steckerkompatibel
- ~-**in chart** Steckkarte
- ~-**in unit** Einschub
- **plugboard** Stecktafel, Schalttafel
- **PO** s. parity odd
- **pocket** Tasche
- ~ **calculator** Taschenrechner
- ~ **control** Ablagekontrolle
- **point** Punkt; Komma, Dezimalkomma
- ~ **position** Kommastellung
- ~ **setting** Kommaeinstellung
- ~-**to-point connection** Punkt-zu-Punkt-Verbindung
- **pointer** Zeiger, Hinweisadresse
- ~ **error** Zeigerfehler
- **pointing device** Zeigerinstrument *(z. B. Maus)*
- **poke** einen Speicherplatz beschreiben
- **polar grid** Polarkoordinaten[netz]
- **Polish notation** polnische Schreibweise (Notation)
- **poll** periodisch aufrufen, abfragen, pollen
- **polling** Abfragen, Polling; Abfragebetrieb, Abfrageverfahren, Polling-Verfahren
- ~ **list** Abrufliste
- ~ **method** Abfrageverfahren, Polling-Verfahren
- **polyline** Linienzug
- **polymarker** Polymarke
- **polyphase merge** Mehrphasenmischen
- ~ **sorting** Mehrphasensortieren
- **pool** Pool *(Speicherbereich)*
- **poor** arm; schlecht
- **pop** *(Daten aus dem Speicher)* entnehmen
- **pop** Datenentnahme *(aus dem Kellerspeicher)*; Auslagern *(eines im Stack befindlichen Wertes)*
- ~ **stack** Stapelspeicher für die Datenentnahme
- ~-**up menu** Pop-up-Menü
- **port** Port, Tor; Anschluß; Kanal *(für die Datenübertragung)*
- ~ **address** Portadresse
- **portability** Portabilität, Übertragbarkeit

portable tragbar, portabel; systemunabhängig *(z. B. Programme)*
portable Portable, Tragbare *(Rechner)*
position positionieren, einstellen
position Stellung, Position
~ **data** Positionsdaten
~ **error** Positionsfehler
~ **number** Ordnungszahl
~ **of the file** Dateiposition
positional notation Darstellung im Zahlenwertsystem
positive positiv, Positiv...
~ **integer** positive ganze Zahl
~ **logic** positive Logik
~ **print** Positivkopie
postmortem [memory] dump Postmortem-Speicherabzug *(nach dem Programmlauf)*
~ **program** Post-mortem-Programm, Post-mortem-Routine
~ **routine** s. postmortem program
postprocess Daten nachverarbeiten
postprocessor Postprozessor *(Anpassungsprogramm)*
power speisen, versorgen
~ **down** *(ein Gerät)* im Ruhezustand *(d. h. energiesparend)* betreiben, ausschalten
~ **up** zur vollen Leistung bringen, einschalten
power 1. Leistung; 2. Potenz *(Mathematik)*
~ **amplification** Leistungsverstärkung
~ **cable** Anschlußkabel
~-**down** Abschaltung auf Ruhezustandsleistung
~-**down mode** Schlafzustand *(Bereitschaftszustand des Speichers mit geringem Energieverbrauch)*
~ **failure** Netzausfall
~-**failure protection** Netzausfallschutz
~ **gain** Leistungsverstärkung
~ **pack** Netzgerät
~-**on reset** Rücksetzen beim Einschalten *(der Spannungsversorgung)*
~ **outage** Netzausfall
~ **source** Leistungsquelle
~ **supply** 1. Stromversorgung; 2. Netzteil
powerset mode Powerset-Mode
~ **tuple** Powerset-Tupel
precedence rating Prioritätsstufe
precision Genauigkeit, Präzision
precompiled vorkompiliert, vorübersetzt

precompiler Vorcompiler, Vorübersetzer
predefined language attribute vordefiniertes Attribut
~ **language pragma** vordefiniertes Sprachpragma
~ **name** vordefinierter Name
~ **simple name string** vordefinierter einfacher Bezeichner
pre-edit voreditieren
prefix Präfix
~ **notation** Präfixschreibweise
preformat vorformatieren
prepared code page alternative Kodeseite
preprocess *(Daten)* vorverarbeiten
preprocessor Vorprozessor, Preprozessor
presentation layer Darstellungsschicht
presequenced vorsortiert
preset voreinstellen
presettable voreinstellbar
press pressen; [nieder]drücken *(Tasten)*
~ **any key** eine beliebige Taste drücken
pretty-printing strukturierte Schreibweise
preventive vorbeugend
~ **maintenance** vorbeugende Wartung
previous record vorhergehender Satz
primary primär, Primär..., Original..., Erst...
primary Primärwörter, Primärdefinitionen
~ **boot** Anfangsladeprozeß
~ **colour** Grundfarbe, Primärfarbe
~ **stor[ag]e** Primärspeicher
primitive not implemented Grundoperation nicht implementiert *(Fehlermeldung)*
~ **type** einfacher Typ
principal window Hauptfenster
print drucken; kopieren
~ **out** ausdrucken
print Druck-...
~ **command** Druckbefehl
~ **format** Druckformat
~ **menu** Druckmenü
~-**out** Ausdruck, Protokoll
~ **routine** Druckprogramm
~ **spooler** Drucker-Spooler
~ **statement** Druckanweisung

print 56

~ **wheel** Typenrad
printed gedruckt; kopiert
~ **circuit** gedruckte Schaltung
~ **circuit board** Leiterplatte, Schaltkreisplatine
~ **wiring** gedruckter Schaltkreis
printer Drucker
~ **connection** Druckeranschluß
~ **family** Druckerfamilie
~ **language** Druckersprache
printing Drucken; Kopieren
~ **on demand** bedarfsgerechtes Drucken
~ **speed** Schreibgeschwindigkeit
priority Priorität
~ **class** Prioritätsklasse
~ **feature** Vorrangmeldung
~ **interrupts** Prioritätsunterbrechungen, Vorrangunterbrechungen
~ **level** Vorrangebene, Prioritätsstufe
~ **scheduling** Vorrangverarbeitung
~ **system** Vorrangsystem, Prioritätssystem
private line Privatleitung
privilege level Privilegierungsstufe, Privilegierungsebene
privileged instruction privilegierter Befehl
probability Wahrscheinlichkeit
probable wahrscheinlich
~ **error** wahrscheinlicher Fehler
problem Problem, Aufgabe
~**-oriented** problemorientiert *(Sprache)*
~ **reduction** Problemreduktion *(KI)*
~ **solving** Problemlösen *(KI)*
procedure Prozedur, Verfahren
~ **call** Prozeduraufruf, Aufruf einer Prozedur
~ **definition** Prozedurdefinition
~ **division** Prozedurteil
~ **identifier** Prozedurname
~ **mode** Prozedurmodus
~ **name** Prozedurname
~**-oriented** verfahrensorientiert
~ **reference** Prozeduraufruf
~ **start** Prozedurstart
~ **subprogram** Prozedurunterprogramm
~ **type** Prozedurtyp
proceed ablaufen *(Prozesse)*
process verarbeiten *(z. B. Informationen)*
process Prozeß
~ **computer** Prozeßrechner

~ **computer system** Prozeßrechnersystem
~ **data highway** Prozeßdatenbus
~ **definition** Prozeßdefinition
~ **management** Prozeßverwaltung
~ **peripherals** Prozeßperipherie
~ **state** Prozeßzustand
processing Verarbeitung
~ **element** Prozeßelement, Verarbeitungselement
~ **procedure** Bearbeitungsverfahren
~ **program** Verarbeitungsprogramm
~ **unit** Verarbeitungseinheit; Steuereinheit
processor Prozessor
~ **card** Rechnerkarte
~ **clock pulse** Prozessortakt
~**-controlled** prozessorgesteuert
~ **interface** Prozessorschnittstelle
~ **interrupt** Prozessorinterrupt, Prozessorunterbrechung
~ **status word** Prozessorstatuswort
produce erzeugen, herstellen
production Erzeugung, Herstellung
~ **language** Erzeugungssprache
~ **rule** Erzeugungsregel
~ **system** Produktionssystem
program programmieren
program Programm
~ **bank** Programmbank
~ **change** Programmwechsel
~ **checkout** Programmtesten
~ **compatibility** Programmkompatibilität
~ **control** Programm[ablauf]steuerung
~ **control instruction** Programmsteuerbefehl
~**-controlled** programmgesteuert
~**-controlled interrupt** programmgesteuerte Unterbrechung
~ **counter** Programmzähler, Befehlszähler
~ **debugging** Programm[aus]testen
~**-dependent** programmabhängig
~ **design** Programmentwurf
~ **design aids** Programmentwurfsunterstützung
~ **documentation** Programmdokumentation
~ **dump** Programmausgabe
~ **error** Programmfehler
~ **execution** Programmausführung
~ **fetch** Programmabruf
~ **file** Programmdatei
~ **flow** Programmablauf

~ **generator** Programmgenerator
~ **input** Programmeingabe
~ **interrupt** Programmunterbrechung
~ **library** Programmbibliothek
~ **listing** Programmlisting, Programmprotokoll
~ **loader** Programmlader, Lader
~ **loading** Programmladen
~ **loop** Programmschleife, Schleife
~ **maintenance** Programmwartung, Programmpflege
~ **maintenance information** Programmwartungsinformation
~ **memory** Programmspeicher
~ **module** Programm-Baustein
~ **name** Programmname
~ **notation** Programmschreibweise
~ **package** Programmpaket
~ **protection** Programmschutz; Speicherschutz
~ **request** Programmanforderung
~ **run** Programmlauf, Rechnerlauf
~ **run time** Programmlaufzeit
~ **segment** Programmsegment
~ **segment prefix** Programmsegmentpräfix
~ **sequence** Programmfolge
~ **skip** Programmsprung
~ **start** Programmanlauf, Programmstart
~ **start-up command** Programmaufruf
~ **state area pointer** Programmstatusbereichszeiger
~ **statement** Programmanweisung
~ **status word** Programmstatuswort, Programmzustandswort
~ **step** Programmschritt
~ **storage** 1. Programmspeicher; 2. Programmspeicherung
~ **swapping** Programmein- und -auslagern
~ **termination** Programmbeendigung
programmable programmierbar
~ **AND/OR array** programmierbare UND/ODER-Matrix
~ **calculator** programmierbarer Taschenrechner
~ **feedback** programmierbare Rückkopplung
~ **gate array** programmierbares Gate-Array *(Kundenschaltkreis)*
~ **interface** programmierbare Schnittstelle
~ **interrupt controller** programmierbarer Interrupt-Controller
~ **logic device** programmierbarer Logikbaustein, programmierbare Logikschaltung
~ **logic element** programmierbares Logikelement, programmierbares logisches Schaltelement
~ **read-only memory** programmierbarer Festwertspeicher, PROM
programmed [ein]programmiert
~ **halt** einprogrammierter Stopp
~ **interlock** programmierte Zugriffssperre
~ **learning** programmiertes Lernen
~ **logic** programmierte Logik
programmer Programmierer
programmer's guide Programmierleitfaden
~ **reference** Programmierhandbuch
programming Programmierung
~ **aids** Programmierhilfen
~ **by machine** maschinelle Programmierung
~ **language** Programmiersprache
~ **support** Programmierunterstützung
~ **tools** Programmiermittel, Programmierwerkzeuge
project projizieren
projection film Projektionsfolie
PROM *s.* programmable read-only memory
prompt auffordern
prompt 1. Anweisung, Hinweis *(für Bediener)*; 2. Aufforderungszeichen
~ **character** Aufforderungszeichen
~ **message** Aufforderungsmeldung
~ **mode** Prompt-Mode
prompting Aufforderung
proof-reading Korrekturlesen
propagate verbreiten, ausbreiten *(Wellen)*; Weiterreichen *(z. B. an eine übergeordnete Programmeinheit)*
propagation Ausbreitung
proper geeignet, angemessen, richtig; eigentlich
properties locked unveränderbare Eigenschaften
property Eigenschaft
protected geschützt
~ **location** geschützter Speicherplatz
~ **mode** geschützter Modus
~ **stor[ag]e** geschützter Speicher
protection Schutz, Zugriffsschutz
~ **key** Speicherschutzschlüssel
~ **violation** Speicherverletzungsschutzfunktion

protocol

protocol Protokoll
~ **control information** Protokollsteuerinformation
~ **data unit** Protokolldateneinheit
pruning Pruning *(Beschränkung auf wichtige Regeln in der KI)*
PSAP *s.* program state area pointer
PSC *s.* program start-up command
pseudo-instruction Pseudobefehl *(s. a.* dummy instruction)
pseudostatic pseudostatisch
PSK *s.* phase shift keying
PSP *s.* program segment prefix
PSW *s.* 1. program status word; 2. processor status word
PU *s.* processing unit
public öffentlich
~ **symbol** globales Symbol
pull entnehmen, ausspeichern *(aus dem Stapelspeicher)*
pull-down menu Abrollmenü, Pull-down-Menü
pulse Impuls
~**-code modulation** Pulskodemodulation
~ **time** Taktzeit
~ **width** Impulsbreite
punch lochen
punch Locher
punched gelocht, Loch...
~ **card** Lochkarte
~**-card reader** Lochkartenleser
~ **tape** Lochband
~ **tape technique** Lochstreifentechnik
punctuation mark Interpunktionszeichen
purge löschen *(Dateien)*
purging Bereinigung von Beständen *(in Dateien)*
push 1. eingeben *(Daten)*; 2. ablegen; 3. schieben *(Speicherinhalte)*
push Einspeichern *(von Daten)*
~**-down list** Kellerliste, Stapel, LIFO-Liste
~**-down stack** Kellerspeicher, Stapelspeicher
~**-down store** *s.* push-down stack
~ **instruction** Abspeicherbefehl, Einspeicherbefehl
~**-up list** Schiebeliste, FIFO-Liste
~**-up store** Wartespeicher
put control read cycle Speicherlesezyklus
~ **control write cycle** Speicherschreibzyklus

P/V-flag *s.* parity-overflow flag

Q

QBE *s.* query by example
QOS *s.* quality of service
quad austreiben *(Zeilen; DTP)*
~ **left** links austreiben
quadratic quadratisch
quality Qualität
~ **assurance** Gütesicherung
~ **feature** Qualitätseigenschaft
~ **index** Qualitätsindex
~ **of service** Dienstqualität
quantity Quantität, Größe
quarter Viertel...
quasi Quasi...
~ **declaration** Quasi-Speicherplatzdeklaration
~ **definition** Quasi-Definition
~ **handler** Quasi-Ausnahmebehandler
~**-instruction** Pseudobefehl
~ **module** Quasi-Modul
quaternary quaternär
query abfragen
query Abfrage
~ **by example** Datenbank-Abfragewerkzeug
~ **by forms** Datenbank-Abfragewerkzeug
~ **language** Abfragesprache, Query-Sprache
~ **optimizer** Abfrageoptimierer *(einer Datenbank)*
question Frage
queue eine Warteschlange aufbauen
queue Schlange, Warteschlange
~ **priority** Warteschlangenpriorität
queued access method Warteschlangenzugriffsverfahren
queuing list Warteschlangenliste
quick-access storage Schnellspeicher, Speicher mit schnellem Zugriff
quiet sich beruhigen, ruhig werden
quiet ruhig; geräuschfrei; geräuscharm
~ **operation** geräuscharmer Betrieb
quirks Kniffe
quotation marks Anführungszeichen, Anführungsstriche
quote *s.* quotation marks
quoted in Anführungszeichen, in Anführungsstrichen
quotient Quotient

R

radical sign Wurzelzeichen
radix Zahlenbasis
~ **notation** Radixschreibweise
ragged left rechtsbündig *(links: Flattersatz)*
~ **right** linksbündig *(rechts: Flattersatz)*
~ **setting** Flattersatz *(DTP)*
raise auslösen
raise statement Auslöseanweisung
raising delay Einschaltverzögerung
RAM *s.* random access memory
random wahlfrei; zufällig, Zufalls...
~ **access** Direktzugriff, wahlfreier Zugriff, Randomzugriff
~ **access memory** Schreib-Lese-Speicher, Speicher mit wahlfreiem Zugriff, Randomspeicher
~ **access procedure** stochastisches Zugangsverfahren
~ **access stor[ag]e** *s.* random access memory
~ **block read** wahlfreies Blocklesen, wahlfreies blockweises Lesen
~ **block write** wahlfreies Blockschreiben, wahlfreies blockweises Schreiben
~ **error** Zufallsfehler
~ **failure** Zufallsfehler
~ **generator** Zufallszahlengenerator
~ **processing** wahlfreie Verarbeitung
~ **read** wahlfrei lesen *(Datensätze)*
~ **record access** wahlfreier Datensatzzugriff
~ **record field** Feld für den wahlfreien Datensatzzugriff
~ **write** wahlfrei schreiben *(Datensätze)*
randomize zufällige Anfangsbedingungen schaffen
range Bereich; Reichweite; Gültigkeitsbereich, Definitionsbereich
~ **constraint** Wertebereichseinschränkung
~ **mode** Range-Mode
RAS *s.* row-address strobe
raster Raster
~ **display** Rasterbildschirm
~ **pattern** Rastermuster
~-**scanned screen** Rasterbildschirm
rated Nenn... *(z. B. Nennstrom, Nennleistung)*

raw roh, Roh..., unbearbeitet, unverarbeitet
~ **data** Rohdaten, unbearbeitete Daten
~ **text** Rohtext, nicht aufbereiteter (redigierter) Text
ray tracing Strahlverfolgung
RDA *s.* request data with reply
reach erreichen *(z. B. vorgegebene Werte)*
reach Bereich; Reichweite
~-**bound initialization** Bereichseintritt-Initialisierung
react reagieren, ansprechen
read lesen *(Daten)*
~ **back** zurücklesen
~ **backward** rückwärts lesen
~ **buffer** Puffer lesen
~ **handle** den Kanal lesen
~-**in** einlesen, einspeichern *(Daten)*
~ **only** nur lesen
~-**out** auslesen, ausspeichern *(Daten)*
~ **sequentially** sequentiell lesen *(Datensätze)*
~-**write** lesen und schreiben
read ... Lese...
~ **access time** Lesezugriffszeit
~-**after-write verification** Kontrollesen
~ **amplifier** Leseverstärker
~ **cycle** Lesezyklus
~-**cycle time** Lesezykluszeit
~ **function** Lesefunktion
~ **instruction** Lesebefehl
~ **lock** Lesesperre
~ **mask** Lesemaske
~ **only** Nur-Lesen
~-**only flag** Schreibsperre-Anzeiger
~-**only memory** Festwertspeicher, Nur-Lese-Speicher, ROM
~ **property** Schreibschutzeigenschaft
~-**protected** lesegeschützt, für Lesen gesperrt
~ **statement** Leseanweisung
~-**write head** Schreib-Lese-Kopf
~-**write memory** Schreib-Lese-Speicher
readability Lesbarkeit
~ **comment** Lesbarkeitsbemerkung
readable text document lesbare Textdatei
reader 1. Leseprogramm; 2. Lesegerät
reading Lesen, Ablesen
~ **head** Lesekopf
~-**in** Einlesen *(von Daten)*
~ **track** Lesespur
ready betriebsbereit machen

ready 60

ready fertig, bereit, betriebsbereit
~ **for inquiry** abfragebereit
~ **for reproduction** repro[duktions]fähig *(DTP)*
~ **for typesetting** satzreif *(DTP)*
~**-to-operate** betriebsbereit
real real[wertig], Real..., echt, Echt...
~ **mode** Normal-Modus
~ **number** reelle Zahl, Realzahl
~ **time** Echtzeit
~**-time clock** Echtzeituhr
~**-time computer** Echtzeitrechner
~**-time data handling** Echtzeit[daten]verarbeitung
~**-time graphics** Echtzeitgrafik
~**-time input** Echtzeiteingabe
~**-time interrupt** Echtzeitinterrupt, Echtzeitunterbrechung
~**-time operating system** Echtzeitbetriebssystem
~**-time operation** Echtzeitoperation
~**-time processing** Echtzeitverarbeitung
~**-time user** Echtzeitnutzer
realize verwirklichen, realisieren
rearrange umordnen
reassembling Wiederzusammensetzen
reassign erneut (neu) zuordnen
recall abrufen *(Daten)*
receive erhalten, empfangen
received data Empfangsdaten
~ **data enable** Freigabe empfangener Daten
receiver Empfänger
~ **shift register** Empfangsschieberegister
recognize erkennen
recommend empfehlen
recompile rekompilieren
record aufzeichnen *(Daten)*; registrieren
~ **data** Daten aufzeichnen
record 1. Aufzeichnung, Registrierung; 2. Satz *(Teil einer Datei)*, Datensatz
~ **address** Satzadresse
~ **checking** Satzprüfung
~ **count** Satzanzahl
~ **declaration** Satzvereinbarung
~ **description entry** Satzbeschreibung
~ **format** Satzformat
~ **group** Satzgruppe
~ **label** Satzmarke, Satzkennung
~ **length** Satzlänge
~ **length descriptor** Satzlängenangabe
~ **locking** Record-Locking, Satzverriegelung *(Datenschutz)*
~ **management** Datensatzverwaltung
~ **name** Datenname, Satzname
~**-oriented reading** satzweises Lesen
~**-oriented writing** satzweises Schreiben
~ **overflow** Satzüberlauf
~**-size field** Datensatzlängenfeld
~ **type** Satztyp
recording Aufzeichnung, Registrierung
~ **density** Schreibdichte
~ **mode** Aufzeichnungsverfahren, Schreibverfahren
recover regenerieren; beheben, beseitigen *(Fehler)*
recoverable behebbar *(Fehler)*
recovered file regenerierte Datei
recovery Wiederherstellung
~ **routine** Wiederherstellungsprogramm
rectangular rechteckig, Rechteck...
recursive rekursiv
~ **subroutine** rekursives Unterprogramm
recursivity Rekursivität
red rot
~ **tape** *s.* housekeeping operations
~**-tape instruction** Organisationsbefehl
~**-tape operations** Organisationsoperationen
redirection Umleitung, Kanalumlenkung
~ **parameter** Umleitungsparameter
reduce verkleinern, verringern
reduced instruction set eingeschränkter Befehlssatz
~ **instruction set computer** Prozessor mit verringertem Befehlssatz
reduction Verkleinerung
~ **ratio** Verkleinerungsverhältnis
redundancy Redundanz
~ **check** Redundanzprüfung
redundant redundant
~ **character** redundantes Zeichen, Prüfzeichen
reentrancy Wiedereintrittsfähigkeit
refer sich beziehen auf, verweisen auf
reference Bezug, Bezugnahme, Verweis
~ **address** Bezugsadresse

- **~ mode** Referenzmode
- **~ parameter** Adreßparameter
- **~ point** Bezugspunkt
- **reformat** umformatieren
- **reformatting** Umformatieren, Formatänderung
- **refresh** aktualisieren, auffrischen
- **refresh** Auffrischung, Wiederauffrischen
- **~ address** Refresh-Adresse, Auffrischadresse
- **~ cycle** Refreshzyklus, Auffrischungszyklus
- **~ memory** Auffrischspeicher, Bildwiederholspeicher
- **~ register** Refreshregister, Auffrischregister
- **~ request** Auffrischanforderung
- **regenerate** erneuern, auffrischen
- **regeneration** Regeneration *(von Daten)*
- **regime** Betriebsregime, Betriebszustand
- **region** Region *(Speicherbereich)*
- **register** registrieren
- **register** Register
- **~ addressing** Registeradressierung
- **~ driver** Registertreiber
- **~ error** Registerfehler; unvollständige Angabe
- **~ indirect addressing** registerindirekte Adressierung
- **~ instruction** Registerbefehl
- **~ select** Registerauswahl
- **~ stack** Registerstack, Registerstapelspeicher
- **regular** 1. regelmäßig, regulär, Normal..., normal; 2. normal *(Schrift)*
- **regulate** regeln
- **rejection** Rückweisung, Zurückweisung
- **relation** Beziehung, Relation
- **relational** relational *(Datenbanksysteme)*
- **relationship** Beziehung, Relation
- **relative** relativ
- **~ address** relative Adresse
- **~ addressing** relative Adressierung
- **~ file** relative Datei
- **relaxation method** Relaxationsmethode
- **release** freigeben *(Daten)*; freisetzen *(Energie)*
- **reliability** Zuverlässigkeit

repeatability

- **reload** neu (wiederholt) laden *(z. B. Kassetten)*
- **relocatability** Verschiebbarkeit
- **relocatable** verschiebbar
- **~ program** verschiebbares Programm
- **relocate** verschieben
- **relocation** 1. Verschiebung; 2. Neuadressierung *(eines Programms)*
- **~ dictionary** Wörterverzeichnis für verschiebbare Programme
- **~ factor** Verschiebungsfaktor
- **~ program** Verschiebungsprogramm
- **relocator** Verschiebeeinrichtung, Relokator
- **remote** fern, Fern...; entfernt *(vom Rechner)*, rechnerfern
- **~ communication** [Nachrichten-]-Fernübertragung
- **~ control** Fernsteuerung, Fernbedienung
- **~ data acquisition** Datenfernerfassung, externe Datenerfassung
- **~ data collection** s. remote data acquisition
- **~ data processing** Datenfernverarbeitung
- **~ data transmission** Datenfernübertragung
- **~ inquiry** Fernabfrage
- **~ monitoring** Fernüberwachung
- **~ procedure call** Aufruf einer entfernt gespeicherten Prozedur
- **removable** austauschbar *(Datenträger)*
- **~ disk memory** Wechselplattenspeicher
- **~ volume label** austauschbarer Datenträgerkennsatz
- **remove** beseitigen
- **~ directory** das Verzeichnis löschen, RMDIR
- **rename** umbenennen
- **~ file** eine Datei umbenennen
- **renaming declaration** Synonymdeklaration
- **renumber** umnumerieren
- **repair** instandsetzen, reparieren
- **repair** Instandsetzung, Reparatur
- **repeat** wiederholen
- **repeat counter** Wiederholzähler
- **~ specification** Wiederholangabe
- **~ statement** Wiederholanweisung, zyklische Anweisung
- **repeatability** Wiederholbarkeit

repeatable

repeatable edit descriptor wiederholbarer Übertragungsdeskriptor
repeater Leitungsverstärker
repetition instruction Wiederholbefehl
~ **rate** Wiederholungsfrequenz, Folgefrequenz
replace austauschen; ersetzen *(Texte)*
replacement unit Austauschteil
replicate vervielfältigen, wiedergeben
replicator Replikator, Vervielfältigungsgerät
reply [be]antworten
report Liste, Ausdruck
~ **file** Listendatei, Reportfile
~ **generator** Reportgenerator
~ **program generator** Listenprogrammgenerator
represent darstellen
representation Darstellung
~ **hiding** Verbergen der Repräsentation
~ **language** Darstellungssprache
~ **of data** Informationsdarstellung
reprogram umprogrammieren
reprogrammable umprogrammierbar
reprogramming Umprogrammierung
request anfordern
~ **sense** den Fehlerstatus abfragen
request Anforderung
~ **code** Anforderungskode
~ **data with reply** Datenanforderung mit Antwort *(Dienst)*
~ **header** Anforderungsblock
~ **mode** Anforderungsmodus
~ **to send** Sendeanforderung *(Signal zur Angabe der Übertragungsbereitschaft eines Computers)*
~-**to-send signal** Sendeanforderungssignal
requestors privilege level Aufrufprivilegierungsstufe
require erfordern, verlangen
required word set notwendiger Wortschatz
reread erneut [ein]lesen
rerun wiederholen *(Programme)*
rerun Wiederholung *(von Programmen)*
~ **time** Wiederholungszeit
rescanning erneutes Abtasten
rescue dump Rettungsumspeicherung
reselection phase Auswahlphase
reset [zu]rücksetzen, zurückstellen
~ **a file** eine Datei zurücksetzen
~ **to zero** nullen

reset Rücksetzen, Rücksetzung, Reset, Neustart
~ **command** Rücksetzbefehl, Reset-Befehl
~ **instruction** s. reset command
~ **key** Rücksetztaste, Löschtaste
~ **mode** Betriebsart Rücksetzen
~ **switch** Resetschalter
resident resident, speicherresident, systemeigen
~ **program** residentes Programm
~ **software** systemeigene Software
residual Rest...
resistance Widerstand
resolution Auflösung
~ **capability** Auflösungsvermögen
~ **principle** Resolutionsprinzip *(KI)*
~ **rule** Resolutionsregel *(KI)*
resolve auflösen
resolver Koordinaten[um]wandler
resource 1. Gerät *(in einer Gruppe)*; 2. Betriebsmittel
~ **library** Ressourcenbibliothek
~ **management** Betriebsmittelverwaltung
resources Betriebsmittel
response Ansprechen, Antwort
~ **file** Antwortdatei
~ **time** 1. Anlaufzeit; 2. Antwortzeit
restart wiederanlaufen lassen, erneut (neu) starten *(Programme)*
restart Restart, Wiederanlauf
~ **instruction** Restart-Befehl, Wiederanlaufbefehl
~ **procedure** Wiederanlaufverfahren
~ **program** Restart-Programm, Wiederanlaufprogramm
restore umspeichern; zurückspeichern, laden
~ **cursor position** die Cursorposition zurückspeichern
~ **page map** den gesicherten Hardware-Zustand wiederherstellen
restrict begrenzen, beschränken
result Ergebnis
~ **latch** Ergebniszwischenspeicher
retardation Verzögerung
retention Speicherung, Aufbewahrung *(von Daten)*
retrieval Wiederauffinden *(von Informationen)*
~ **time** Wiederauffindungszeit
retrieve wiederauffinden
retry wiederholen
return zurückkehren, zurückspringen

~ **access key** den Zugriffsschlüssel zurückgeben
~ **from subroutine** aus einem Unterprogramm (aufgerufenen Programm) zurückspringen
~ **to the main menu** in das Hauptmenü zurückkehren
~ **to the main program** in das Hauptprogramm zurückspringen
return Rücksprung; Rückkehr
~ **address** Rücksprungadresse
~ **code** Rückkehrkode
~ **instruction** Rücksprungbefehl
~ **stack** Returnstack
~ **statement** Rücksprunganweisung
~ **status field** Rückgabestatusfeld
~ **to zero** Rückkehr nach Null
returned value Ergebniswert
reusable wiederverwendbar (z. B. Programme)
reverse umkehren
reverse Polish notation umgekehrte polnische Notation
~ **reading** Rückwärtslesen
reversed simple name string Schlüsselwort
rewind [zu]rückspulen
rewrite neu (erneut) schreiben
RI s. ring indicator
ribbon Farbband
~ **feed** Farbbandtransport
right rechts
~-**adjust** rechtsbündig ausführen (Layout; DTP)
~-**adjusted** rechtsbündig (Layout; DTP)
~ **arrow** Rechtspfeil
~ **bracket** eckige Klammer zu
~-**justified** rechtsbündig (Layout; DTP)
~-**justify** rechtsbündig ausführen, rechts angleichen (Layout; DTP)
~ **margin** rechter Rand (DTP)
~ **parenthesis** runde Klammer zu
~ **shift** Rechtsschieben, Rechtsverschiebung
ring läuten, klingeln
ring 1. Ring; 2. Klang, Klingen
~ **indicator** Ringindikator
~ **line** Ringleitung
RISC s. reduced instruction set computer
rise ansteigen, zunehmen
rise Anstieg, Zunahme
~ **time** Anstiegszeit (eines Impulses); Anlaufzeit

RL s. rotate left
ROL s. rotate left
roll rollen
~ **back** zurückrollen, rücksetzen (Daten)
~ **in** einspeichern (Daten)
~ **out** ausspeichern, auslagern (Daten)
roll Rolle; Haspel
~-**back routine** Wiederholungsprogramm
~-**in** Einspeichern (Daten)
~-**out** Ausspeichern (Daten)
ROM s. read-only memory
room Raum, Zimmer
~ **temperature** Zimmertemperatur
root Wurzel
~ **directory** Stammverzeichnis, Urverzeichnis, Wurzelverzeichnis, Hauptverzeichnis
~ **job** Wurzeljob
~ **window** Ursprungsfenster in einer Fensterhierarchie
ROR s. rotate right
rotate [sich] drehen, rotieren, umlaufen
~ **left** links umlaufen, zyklisch links verschieben
~ **right** rechts umlaufen, zyklisch rechts verschieben
rotate Rotationsbefehl, Verschiebebefehl
~ **accumulator left** Linksverschieben des Akkumulatorinhalts
~ **accumulator right** Rechtsverschieben des Akkumulatorinhalts
~ **left** Linksrotation (Logikbefehl)
~ **left decimal** dezimales Linksschieben (Rundschieben)
~ **right** Rechtsrotation (Logikbefehl)
~ **right decimal** dezimales Rechtsschieben (Rundschieben)
rough rau; grob
round runden
~ **off** abrunden
~ **up** aufrunden
rounding Runden
~ **control** Rundungsverfahren
~ **error** Rundungsfehler
route (Daten) zuführen
route Leitweg, Route
router Router (für die Wegeauswahl für den Datentransport)
routine Programm, Unterprogramm, Routine
~ **name** Routinename

routing

routing Leitungsführung, Netzweg; Wegsuche, Wegwahl (bei vermaschten Netzen)
~ **directive** Leitbefehl
row Zeile, Tabellenzeile
~ **address** Zeilenadresse
~ **address register** Zeilenadreßregister
~ **address strobe** Zeilenadressenimpuls, Zeilenadreßtakt
~ **decoder** Zeilendekoder
~ **driver** Zeilentreiber
~ **mode** Row-Mode
~ **of keys** Tastenreihe
~ **pitch** Zeilenabstand
~ **spacing** Zeilenabstand
RPG s. report program generator
RPL s. requestors privilege level
RPN s. reverse Polish notation
RR s. rotate right
RS s. register select
RTS s. request to send
RTS signal s. request to send signal
rule 1. Vorschrift; 2. Strich, Linie (DTP)
run 1. laufen, rennen; 2. abarbeiten (ein Programm); durchführen (Versuche)
run 1. Lauf; 2. Arbeitsgang; 3. Ablauf (von Programmen); 4. Run-Menü (Teil der Menüzeile)
~ **instruction** Startbefehl (für den Programmstart), Run-Befehl
~ **phase** Arbeitsphase (von Programmen)
~-**time** s. runtime...
runnable abarbeitbar, startbar (Programme)
running Ablaufen (von Programmen)
~ **head** lebender Kolumnentitel (DTP)
~ **program** laufendes Programm, Betriebsprogramm
~ **time** s. runtime
~ **title** lebender Kolumnentitel (DTP)
runtime Runtime, Laufzeit (eines Programms)
~ **error** Laufzeitfehler
~ **library** Laufzeitbibliothek
R/W s. read-write
RZ s. return to zero

S

SA s. source address
safe sicher
~ **in service** betriebssicher
safety requirements Sicherheitsanforderungen
salvage retten (Daten)
sample abtasten (Punkte); abfragen
sample Probe
~ **mode** Abfragemodus
~ **rate** Abtastrate
sampling processing Stichprobenverarbeitung
SAP s. service access point
SASE s. specific application service element
satisfy erfüllen (Bedingungen); befriedigen
save 1. retten; 2. sichern, sicherstellen (Daten); speichern
~ **cursor position** die Cursorposition merken
~ **page map** den Hardware-Zustand sichern
saved gesichert (Dateien)
SBB s. subtraction with borrow
SBC s. 1. subtract with carry; 2. single-board computer
scalability Spannbreite
scalar skalar (Größen)
scale Maßstab
scale up vergrößern
scaling Skalierung
scan scannen, abtasten; abfragen; durchsuchen
scan Scannen, Abtasten
~ **rate** Abtastgeschwindigkeit
~ **speed** s. scan rate
scanned data eingescannte Daten
~ **input** s. scanned data
scanner Scanner, Abtaster
scanning Scannen, Abtasten
~ **rate** Abtastgeschwindigkeit
~ **speed** s. scanning rate
scatter streuen (Werte)
schedule planen (Arbeitsabläufe)
scope Bereich, Gebiet; Gültigkeitsbereich
scrap library Datenaustauschbibliothek
scratch auskratzen (Löschbefehl für Dateien)
scratch area Arbeitsbereich (des Speichers)
~ **buffer** Zwischenpuffer
~ **file** Notizdatei, Hilfsdatei
~-**pad memory** Notiz[block]speicher

~-**pad register** Zwischenregister, Notiz[block]register
screen rastern
screen 1. Raster; 2. Schirm, Bildschirm
~ **display** Bildschirmanzeige
~ **dump** Bildschirmausdruck, Screendump
~ **font** Bildschirmschrift
~ **memory** Bildschirmspeicher
~-**oriented** bildschirmorientiert
~ **printer** Siebdrucker
~ **rolling** Scrollen, Rollen *(zeilenweises Verschieben auf dem Bildschirm)*
~ **window** Bildfenster
screening Rastern, Rasterung
scroll rollen, rollieren, scrollen, verschieben *(Zeilen stufenlos auf dem Bildschirm hin- und herbewegen)*
~ **down** [zurück]rollen, zurückscrollen, verschieben *(Zeilen auf dem Bildschirm von oben nach unten)*
~ **up** [vor]rollen, verschieben *(Zeilen auf dem Bildschirm von unten nach oben)*
scroll area Scrollbereich *(auf dem Bildschirm)*
~ **operation** Rollen der Daten *(auf dem Bildschirm)*
scrollable scrollfähig *(Bildschirm)*
scrolling s. screen rolling
SD s. 1. single density; 2. start delimiter
SDA s. send data with acknowledge
SDN s. send data with no acknowledge
SDU s. service data unit
search suchen, untersuchen, durchsuchen
~ **first entry** den ersten Verzeichniseintrag suchen
~ **next entry** den nächsten Verzeichniseintrag suchen
search Suche
~ **routine** Suchroutine
~ **time** Suchzeit
~ **word** Suchwort, Suchbegriff
second order zweiten Grades
secondary sekundär, Sekundär...
~ **memory** Sekundärspeicher, externer Speicher
~ **register** Hilfsregister
secret geheim
secret Geheimnis
section heading Abschnittsüberschrift *(DTP)*
sector Sektor *(der Diskette)*

~ **address errors** Sektoradressenfehler
~ **notch** Sektorkerbe, Sektor-Notch *(einer Diskette)*
sectors per block Sektoren je Block
secure sichern, sicherstellen
security Sicherheit
see sehen
seek [durch]suchen
~ **errors** Fehler suchen
seek error Suchfehler
~ **operation** Suchoperation
~ **time** Suchzeit
segment segmentieren *(Programme)*
segment Segment *(eines Programms)*
~ **address** Segmentadresse *(die Speicherstelle des Segmentbeginns)*
~ **boundary** Segmentgrenze
~ **handling** Segmentbehandlung
~ **header** Segmentvorsatz
~ **management** Segmentverwaltung
~ **register** Segmentregister
~ **selector** Segmentselektor
segmentation Segmentierung *(von Programmen)*
segmented address space segmentiertes Adreßraummodell
segmenting Segmentieren
select wählen, auswählen
~ **disk** ein [aktuelles] Laufwerk einstellen
select Selektsignal
~ **statement** Selektanweisung
selection Wahl, Auswahl
~ **decision** Auswahlentscheidung
~ **phase** Auswahlphase
~ **sort** Sortieren durch Auswahl
selective calling selektiver Abruf
selector Selektor, Auswahlschalter
self selbst, selbst..., Selbst...
~-**adjusting** selbsteinstellend
~-**checking** selbstprüfend
~-**powered** batteriebetrieben
~-**refreshing** selbstauffrischend
~-**teaching** selbstlernend
selfkiller Selbstzerstörer *(Programmschutz)*
semantics Semantik
semicolon Semikolon
semicustom ... Teilkunden..., Halbkunden..., kundenspezifisch
send senden; *(Daten)* übertragen
send action Sendeanweisung
~ **and request data** Datensenden und -anfordern *(Dienst)*

send

~ **data with acknowledge** Datensenden mit Quittung *(Dienst)*
~ **data with no acknowledge** Datensenden ohne Quittung *(Dienst)*
sense abtasten, abfühlen; lesen
sense signal Lesesignal
~ **switch** Wahlschalter
sensitive empfindlich
sensitivity Empfindlichkeit
sensor interface Sensorschnittstelle
sentinel Marke
separate compilation getrennte Übersetzung
separation Trennen, Trennung
separator Trennzeichen, Trennsymbol
sequence Folge, Reihenfolge, Sequenz
~ **control register** Befehlsfolgeregister
~ **of commands** Befehlsfolge
~ **of instructions** Befehlsfolge
sequencer Steuerwerk; Steuerbaustein
sequencing Reihenfolgeschaltung
sequential aufeinanderfolgend, sequentiell
~ **access** sequentieller Zugriff
~ **addressing** sequentielle Adressierung
~ **computer** sequentiell arbeitender Computer
~ **job scheduling** sequentielle Jobverarbeitung
~ **operation** sequentieller Betrieb
~ **operator** Folgeoperator
~ **organization** sequentielle Datenorganisation
~ **processing** sequentielle Verarbeitung
~ **protocol** sequentielles Protokoll
~ **record access** sequentieller Datensatzzugriff
~ **scanning** sequentielles Aufsuchen
~ **scheduling** Folgeverarbeitung
serial seriell; sequentiell
~ **access** serieller (sequentieller) Zugriff, Reihenfolge-Zugriff
~-**access memory** Speicher mit seriellem Zugriff
~-**access store** s. serial-access memory
~ **adder** serieller Addierer
~ **by bit** bitseriell *(Nacheinanderverarbeitung der Bits eines Zeichens)*
~ **by byte** byteseriell *(Nacheinanderverarbeitung der Bytes eines Wortes)*
~ **by character** zeichenseriell *(Nacheinanderverarbeitung der Zeichen eines Wortes)*
~ **carry** Serienübertrag
~ **computer** seriell arbeitender Computer
~ **data input** serieller Dateneingang
~ **data output** serieller Datenausgang
~ **digital interface** serielle digitale Schnittstelle
~ **input** serielle Eingabe
~ **input-output** s. serial I/O
~ **interface** serielle Schnittstelle
~ **I/O** serieller E/A, serielle Eingabe-Ausgabe
~ **memory** serieller Speicher
~ **operation** Serienbetrieb, serielle (sequentielle) Arbeitsweise
~ **output** serieller Ausgang
~-**parallel** seriell-parallel *(Rechner)*
~-**parallel operation** Serien-Parallel-Betrieb
~ **port** serielle Schnittstelle
~ **processing** Serienverarbeitung, serielle Verarbeitung
~-**serial operation** Serien-Serien-Betrieb
series Reihe, Reihenfolge
server Bediensystem *(für Peripherie und Programme)*
service abarbeiten
service Dienst, Service
~ **access point** Dienstzugangspunkt
~ **convention** Dienstkonvention
~ **data unit** Dienstdateneinheit
~ **life** Lebensdauer
~ **program** Dienstprogramm, Serviceprogramm
~ **provider** Diensterbringer
~ **user** Dienstbenutzer
serviceability Wartungsfreundlichkeit
session layer Kommunikationssteuerschicht
set setzen
~ **date** das Datum setzen (lesen)
~ **handle name** den Namen eines Handlers setzen
~ **margins** den Rand einstellen
~ **priorities** Prioritäten setzen
~ **relative record number** die relative Satznummer setzen
~ **the left margin** den linken Rand stellen *(DTP)*

~ the right margin den rechten Rand stellen *(DTP)*
~ time die Uhrzeit setzen (lesen)
~ to zero auf Null setzen
~ verify flag den Status für Verifizieren ändern
set Menge, Satz
~ mode Set-Mode
~ of files Dateigruppe
setup Aufbau
SF *s.* sign flag
SFT *s.* system fault tolerance
shade 1. schattieren, abstufen; 2. schraffieren *(Zeichnungen)*
shaded 1. schattiert *(Schrift)*; 2. schraffiert *(Zeichnungen)*
~ area schraffierter Bezirk *(des Bildschirms)*
~ memory Schattenspeicher
shading Schraffur
shadow 1. Schatten, Hintergrund; 2. Schattenspeicher
~ mask Lochplatte
~-RAM Hintergrund-RAM, Schattenspeicher
~ screen Schattenscreen
shallow flach
shape Form
share *(gemeinsam)* benutzen *(Busse)*; *(sich gemeinsam in bestimmte Gerätekonfigurationen)* teilen
shareable gemeinschaftlich (gemeinsam) nutzbar *(Dateien)*
shared bus gemeinsam genutzter Bus
~ memory Shared Memory *(Bereich des Arbeitsspeichers für mehrere gemeinsame Zugriffe)*
sharing *(gemeinsame)* Benutzung *(von Geräten u. a.)*
sharp scharf
sheet feed Blattvorschub
~ feeder Einzelblatteinzug[svorrichtung]
shell Schale *(eines Betriebssystems)*
~ library Shellbibliothek
shells interpreter Befehlinterpreter
shield abschirmen
shield Abschirmung
shielded abgeschirmt *(Leitungen)*
shift schieben; verschieben, versetzen
shift Verschieben; Versetzen
~ count Anzahl der Schiebeoperationen
~ instruction Schiebebefehl
~ left Verschieben nach links *(Befehl)*

~ lock Verriegelungstaste
~ logical left logisches Linksschieben
~ logical right logisches Rechtsschieben
~ right Verschieben nach rechts *(Befehl)*
short kurzschließen *(Stromkreis)*
short kurz, Kurz...
~ circuit Kurzschluß
~ integer Short-Integer-Format
~ jump kurzer Sprung
~ real Short-Real-Format
~-time kurzzeitig, Kurzzeit...
shortcuts Kurzverfahren, abgekürzte (verkürzte) Verfahren
show [an]zeigen, sichtbar machen
shown sichtbar
shut schließen
shutdown Abschaltung
shuttle letter Pendelbrief
SI = 1. Shift-In *(Steuerzeichen)*; 2. *s.* source index register; 3. *s.* serial input; 4. *s.* standard interface
side Seite
~-scroll seitlich scrollen (verschieben) *(auf dem Bildschirm)*
~ scrolling seitliches Scrollen (Verschieben) *(auf dem Bildschirm)*
sign 1. Zeichen; Vorzeichen; 2. Merkmal
~ bit Vorzeichenbit
~ digit Vorzeichenziffer
~ flag Vorzeichenflag, S-Flag
~ register Vorzeichenregister
~ suppression Vorzeichenunterdrückung
signal melden
signal Signal
~ conversion Signalumsetzung
~ processing Signalverarbeitung
~ processor Signalprozessor
signalling Zeichengabe
signed vorzeichenbehaftet, mit Vorzeichen
significant signifikant; bedeutsam
~ digit wesentliche Ziffer
silicon disk Silicon-Disk
similar gleichartig
SIMM *s.* single in-line memory module
simple einfach, Einfach...
~ name string Bezeichner
~ protocol einfaches Protokoll
simplify vereinfachen
simulate simulieren

simulation

simulation Simulation
simulator Simulator *(Programm)*
simultaneous access Parallelzugriff
~ **computer** Simultanrechner
~ **processing** Simultanbetrieb, Simultanarbeit
single aussondern
single einzeln, Einzel...; einfach
~-**address computer** Einadreßrechner
~-**board computer** Einplatinenrechner
~-**carbon ribbon** Einweg-Schreibband
~ **character** Einzelbuchstabe
~-**chip computer** Einchiprechner
~-**column** einspaltig
~ **density** einfache Dichte *(einer Diskette)*
~-**disk cartridge** Einzelplattenkassette
~ **Eurocard** Einfacheuropakarte
~ **in-line memory module** Single-In-Line-Speichermodul
~-**phase** einphasig, Einphasen...
~-**purpose** Einzweck...
~-**sided** einseitig *(Disketten)*
~-**spaced** einzeilig
~ **step** Einzelschritt; Einzelschrittbearbeitung
~-**step interrupt** Einzelschrittinterrupt
~-**step logic** Einzelschrittlogik, Single-Step-Logik
~-**step mode** Einzelschrittverfahren, Einzelschrittabarbeitung, Single-Step-Betrieb
~-**tasking** Einzel[aufgaben]verarbeitung
~-**tasking system** Single-Tasking-System *(Betriebssystem für die Abarbeitung nur einer Aufgabe)*
~-**terminal microcomputer for multitasking** Einplatz-Mikrocomputer für Multitasking
~-**terminal microcomputer for single-tasking** Einplatz-Mikrocomputer für Single-Tasking
~-**user** Ein[zel]nutzer...
~ **user operation** Ein[zel]nutzerbetrieb
~-**user single task** Einnutzer-Einprozeß-Betriebssystem
~-**user system** Ein[zel]nutzerbetriebssystem, Betriebssystem für Einzelnutzer
sink Senke
SIO *s.* serial input-output
six-disk pack Sechsplattenstapel
size dimensionieren
size Größe, Abmessung
skin Haut
skip überspringen *(Zeilen, Plätze)*
~ **backward** [rückwärts] überspringen *(Datei wird um den angegebenen Wert rückwärts bewegt)*
~ **forward** [vorwärts] überspringen *(Datei wird um den angegebenen Wert vorwärts bewegt)*
skip Überspringen
~ **instruction** Überspringbefehl
slash Schrägstrich
slave *s.* slave device
~ **computer** Tochtercomputer
~ **device** Slave-Gerät, Nebengerät
~ **processor** Slave-Prozessor
~ **store** Arbeitsspeicher
slice Ausschnitt
slide-in module Einschub, Einschubmodul
slope Steilheit
slot Steckplatz *(zur Erweiterung der Systemplatine eines Rechners)*
slow verlangsamen
~-**down** Verlangsamung
small klein, Klein...
~ **footprint-PC** Bezeichnung für kleine, wenig Platz beanspruchende, aber sehr leistungsstarke PC
~ **punched card** Kleinlochkarte
~ **size** klein, von kleinen (geringen) Abmessungen
smaller than kleiner [als]
~ **than or equal [to]** kleiner oder gleich
SMAP = system management applications process *(ISO-Schichtenmodell)*
smart card [Prozessor-]Chipkarte
smartware Smartware *(Bedienungskomfort)*
smooth glätten
SMT = station management *(ISO-Schichtenmodell)*
snooping Busüberwachung
socket *(in die Fassung)* stecken
socket Buchse, Fassung
soft weich
~ **copy** Softkopie, Soft-copy *(für den Bildschirmtext im Gegensatz zur Hardcopy)*
~ **scrolling** weiches Scrolling
~-**sectored** softsektoriert

softguard Softwarebeschützer *(Datensicherheit)*
softspace automatisch eingefügtes Leerzeichen *(für den Randausgleich beim DTP)*
software Software, Systemunterlagen, Programme
~ **aids** Softwarehilfen
~ **class** Softwareklasse
~-**compatible** softwarekompatibel, programmkompatibel
~ **documentation** Programmdokumentation
~ **driver** Softwaretreiber
~-**engineering** Programmtechnik, Software-Entwicklungstechnik
~ **error** Softwarefehler
~ **interrupt** Software-Interrupt *(Programmunterbrechung auf Befehl)*
~ **library** Softwarebibliothek
~ **life cycle** Softwarelebenszyklus
~ **package** Softwarepaket
~ **stack** Software-Stapelspeicher
~ **support** Softwareausstattung, Programmausstattung; Software-Unterstützung
solar battery Solarbatterie
~ **cell** Solarzelle
solder löten
solid modelling Festkörpermodellierung
~-**state memory** Festkörperspeicher
solution Lösung *(von Aufgaben)*
sort sortieren
~ **alphabetically** alphabetisch sortieren
sort program Sortierprogramm
~ **statement** Sortieranweisung
sorting Sortieren, Sortierung
~ **algorithm** Sortieralgorithmus
sound schallen, tönen
sound Schall; Ton
~ **duration** Tondauer
~ **level** Schallpegel
~ **pitch** Tonhöhe
~ **volume** Lautstärke
source Quelle, Source, Datenquelle
~ **address** Quelladresse
~ **and destination disk have different formats** die Quell- und Zieldiskette haben unterschiedliche Formate
~ **citation** Quellenangabe
~ **code** Quellkode, Source-Kode
~-**code file** Quellkodedatei
~ **disk** Quelldiskette
~ **disk missing** es ist keine Quelldiskette eingelegt
~ **document** Originalbeleg, Urbeleg, Ursprungsbeleg
~ **file name** Quelltextdateiname
~ **index** Quellenindex
~ **index register** Quellenindexregister
~ **language** Ursprungssprache, Quellsprache
~ **operand** Quelloperand
~ **program** Primärprogramm; Quell[en]programm, Ursprungsprogramm
~ **text** Ursprungstext
SP *s.* stack pointer
space Raum, Zwischenraum; Leerstelle; Leerschritt
~ **character** Leerzeichen
~ **key** Leertaste
~-**multiplexed** raumgeteilt *(Speicher)*
~ **out** austreiben *(Zeilen beim DTP)*
~-**saving** raumsparend
~-**sharing** Platzteilung *(bei gemeinsamer Raumnutzung im Speicher)*
special speziell, besonders, Sonder...
~ **character** Sonderzeichen
~ **format** spezielles Format
~ **keyboard** Sondertastatur
~ **symbol** Wortsymbol, Schlüsselwort
specific-application service element anwendungsspezifisches Dienstelement
~ **name** spezifischer Name
specifications technische Daten
specifier Spezifikator
specify spezifizieren, festlegen
speech Sprache
~ **channel** Sprachkanal
~ **generation** Sprachgenerierung
~ **processor** Sprachprozessor
~ **recognition** Spracherkennung
~ **synthesis** Sprachsynthese
~ **synthesizer** Sprachsynthesisator
speed down verlangsamen
~ **up** beschleunigen
speed Geschwindigkeit
spelling error Orthographiefehler
spew out "ausspucken" *(Ergebnisse aus dem Rechner)*
split [auf]teilen, aufspalten
split address geteilte Adresse
splitter Verteiler *(bei vermaschten Netzen)*
splitting Verbindungsaufteilen

spool

spool[ing] Spooling, Spool-Betrieb, Hintergrunddrucken
spot Punkt, Fleck
SQL *s.* structured query language
square quadratisch, Quadrat...
~ **brackets** eckige Klammern
~ **root** Quadratwurzel
SRAM *s.* static random access memory
SRD *s.* send and request data
SS *s.* 1. stack segment; 2. single-sided
ST *s.* stack top
stable stabil; robust
stack 1. Stapel; 2. Stapelspeicher, Kellerspeicher
~ **depth** Kellerungstiefe, Kellerspeichertiefe
~ **diagram** Stackdiagramm
~ **fault** Stackfehler
~ **frame pointer** Pointer (Zeiger) des Stackrahmens, Stackrahmenzeiger
~ **instruction** Kellerbefehl
~-**oriented** stackorientiert *(Rechner)*
~ **pointer** Stapelzeiger, Kellerzeiger, Stackpointer
~-**pointer addressing** Stackpointer-Adressierung
~ **segment** Kellerspeichersegment
~ **segment register** Stapelsegmentregister
~ **top** Stapelspitze
stacked job processing Jobstapelverarbeitung
stacker Ablage, Kartenablage
stacking 1. Stapeln; 2. Kellerungsprinzip
stand alone unabhängig, selbständig
~-**alone system** alleinoperierendes (allein lauffähiges) System
standard auxiliary Standardhilfsdatei
~ **input-output stream** Standard-Eingabe-Ausgabe-Kanal
~ **instruction set** Standardbefehlssatz
~ **interface** Standardschnittstelle, Standardinterface
~ **monitor** Standardmonitor
~ **sheet** Normblatt
standby reduzierte Leistungsaufnahme im Wartezustand; stromsparender Zustand
~ **computer** Reserverechner
~ **mode** Reservebetrieb, Bereitschaftsbetrieb; Wartebetriebsart, Ruhezustand
start starten, anfangen, beginnen

~ **programs** Programme starten
start Start, Anfang, Beginn
~ **action** Startanweisung
~ **address** Startadresse
~ **bit** Startbit
~ **delimiter** Startzeichen
~ **instruction** Startbefehl
~ **menu** Startmenü, Eröffnungsmenü
~ **routine** Startprogramm
~-**stop transmission** Start-Stop-Übertragung
~-**up** Inbetriebnahme, Betriebsstart
starting cluster Startcluster
~ **cluster number** Startclusternummer
~ **location** Startposition, Ausgangsposition
state Zustand
statement Anweisung
~ **body** Anweisungskörper
~ **bracket** Anweisungsklammer
~ **function** Anweisungsfunktion
~ **keyword** Anweisungsschlüsselwort
static statisch
~ **dump** statischer Speicherauszug
~ **memory** statischer Speicher
~ **RAM (random access memory)** statischer Schreib-Lese-Speicher, statischer RAM
~ **routing** statisches Routing-Verfahren
~ **subroutine** statisches Unterprogramm
station Datenstation
stationary stationär, ortsfest
~ **fax terminal** stationäres Telefax-Endgerät
status Status, Zustand
~ **bit** Zustandsbit
~ **byte** Zustandsbyte
~ **register** Statusregister
~ **saving** Zustandsrettung
~ **word** Statuswort
steady-state stationär, ortsfest
step Schritt
~-**by-step instruction** schrittweise Instruktion
stepping speed Schrittgeschwindigkeit
stochastic stochastisch, zufällig
stop bit Stoppbit
~ **run** Programmende
storage 1. Speichern, Speicherung; 2. Speicher (*s. a. unter* memory *und* store)

- **allocation** Speicherverteilung, Speicherzuordnung
- **area** Speicherbereich
- **capacity** Speicherkapazität, Speichervermögen
- **class** Speicherklasse
- **core** Speicherkern
- **density** Aufzeichnungsdichte
- **location** Speicherplatz
- **protection** Speicherschutz
- **reclamation** Speicherrückforderung
- **site** Speicherplatz

store speichern *(Informationen)*
store Speicher *(s. a. unter storage und memory)*
- **dump** Speicherabzug

stored gespeichert *(Daten)*
- **program** gespeichertes Programm

straddle word Langwort am Zeilenende, das getrennt werden muß
strategy entry point Strategieeinsprungpunkt
stream Kanal *(abstrakter Datenfluß von einer Quelle zu einem Ziel)*
streamer Streamer, Magnetbandgerät für Durchlaufbetrieb
streaming Durchlaufarbeitsweise
stretch dehnen
string Zeichenkette, String
- **bracket** Zeichenkettenklammer
- **constant** Zeichenkettenkonstante
- **descriptors** Stringdeskriptoren
- **expression too complex** die Zeichenkette ist zu komplex
- **manipulation** Stringverarbeitung, Zeichenkettenverarbeitung
- **mode** String-Mode
- **not in block** Zeichenkette nicht im aktuellen Block
- **of bytes** Bytefolge
- **operation** Zeichenkettenoperation
- **slice** Teilstring
- **space full** der Stringbereich ist überfüllt
- **too long** die Zeichenkette ist zu lang
- **variable** Stringvariable

strip Streifen
- **printer** Streifendrucker

strobe einblenden
stroke Strich
- **density** Strichdichte
- **width** Strichbreite

strongly visible stark sichtbar
structure Struktur *(des Datensatzes)*
- **diagram** Struktogramm
- **mode** Strukturmode
- **tuple** Struktur-Tupel

structured strukturiert
- **programming** strukturierte Programmierung
- **query language** strukturierte Abfragesprache *(für Datenbankzugriffe)*
- **text** strukturierter Text

stub Stummel *(bei Ada)*
subaddress Unteradresse
subclass Unterklasse *(KI)*
subdirectory Unterverzeichnis, Subdirectory
submenu Untermenü
subnetwork Teilnetz
subobject Unterobjekt
subprogram Unterprogramm *(s. a. unter subroutine)*
- **body** Implementationsteil eines Unterprogramms
- **specification** Spezifikationsteil eines Unterprogramms
- **statement** Unterprogrammanweisung

subrange type Unterbereichstyp
subroutine Unterprogramm, Subroutine *(s. a. unter subprogram)*
- **call** Unterprogrammaufruf
- **entry** Unterprogrammeinsprung
- **library** Unterprogrammbibliothek
- **package** Unterprogrammpaket
- **return** Unterprogrammrücksprung
- **sequence** Unterprogrammfolge
- **subprogram** Subroutinenunterprogramm
- **technique** Unterprogrammtechnik
- **threaded code** Unterprogrammfadenkode

subscript indizieren
subscript Index
- **out of range** der Index befindet sich außerhalb des Bereiches

substring Substring, Teilfolge *(zusammengehörender Teil eines String)*
subsystem Teilsystem, Untersystem
subtask Subtask, Unteraufgabe
subtract subtrahieren
- **with carry** subtrahieren mit Übertrag

subtraction Subtraktion
- **with borrow** Subtraktion mit negativem Übertrag

subtype Untertyp
subunit Untereinheit
success Erfolg
- **code** Erfolgskode

successive

successive fortlaufend
sudden plötzlich
suite Programmfolge
sum Summe
~ **register** Summenregister
summation Summenbildung
~ **sign** Summenzeichen
summing integrator Summenintegrator
supercalculator Großrechner
superclass Oberklasse *(KI)*
superminicomputer Super-Minicomputer
superscript Index, hochgestellter Index, hochstehendes Zeichen
supersmart card Superchipkarte
supervisor Überwachungsprogramm
supply liefern, beliefern, versorgen
support unterstützen
suppress unterdrücken
suppression Unterdrückung
swap tauschen, vertauschen *(z. B. Fenster im Bildschirm)*; umlagern, auslagern *(Daten)*
~ **in** einlagern *(Daten)*
~ **out** auslagern *(Daten)*
swapping Umlagern *(von Daten, z. B. auf einen Hintergrundspeicher)*, Ein- und Auslagerung, Swapping
swash letter Zierbuchstabe *(für Schriften; DTP)*
sweep wegräumen; ausräumen; ablenken *(Strahlen)*
sweeping Sweeping
~-**out process** Ausräumvorgang *(im Speicher)*
switch schalten
switch Schalter
switching Schalten
~ **characteristics** Schalteigenschaften
symbol Symbol, Zeichen
~ **table** Symboltabelle, Zuordnungstabelle
~ **table overflow** Überlauf der Symboltabelle
symbolic symbolisch
~ **address** symbolische Adresse
~ **addressing** symbolische Adressierung
~ **coding** symbolische Kodierung
~ **expression** symbolischer Ausdruck *(KI)*
~ **instruction** symbolischer Befehl
~ **language** symbolische Programmiersprache

~ **programming** adressenfreies Programmieren
~ **programming system** symbolisches Programmiersystem
~ **unit address** symbolische Geräteadresse
sync check word Kontrollwort für die Synchronisationsprüfung
synchronous communications adapter Synchrondaten-Anschlußstelle
~ **idle** Synchronisierung
~ **operation** synchrone Verarbeitung
synonym definition Synonymdefinition
syntactical unit syntaktische Einheit
syntax Syntax *(einer Sprache)*
~ **description** Syntaxbeschreibung
~ **error** Syntaxfehler
~ **notation** Syntaxnotation
system System
~ **call** System[auf]ruf
~ **clock** 1. Systemuhr; 2. Systemtakt
~ **code** Systemkode, Kennsatz
~ **crash** Systemabsturz
~ **deadlock** Systemblockierung
~ **design** Systementwurf
~ **disk** Systemplatte
~ **environment** Systemumgebung
~ **extension word set** Erweiterungswortschatz für Systemwörter
~-**fault tolerance** fehlertolerantes System
~ **file** Systemdatei
~ **function** Systemfunktion
~ **input stream** Systemeingabestrom
~ **input unit** Systemeingabeeinheit
~ **library** Systembibliothek
~ **macroinstruction** Makroanweisung
~ **management** Systemverwaltung
~-**neutral application programming** systemneutrale Anwendungsprogrammierung
~ **output unit** System-Ausgabeeinheit
~ **pack** Programmstapel des Systems
~ **register** Systemregister
~ **reset** Ausgangsstellung
~ **residence** Programmresidenz; Systemresidenz
~ **restart** Systemwiederanlauf
~ **security** Systemsicherheit
~ **service program** Dienstprogramm, Serviceprogramm
~ **software** Systemsoftware
~ **task** Steuer-Task

T

tab s. tabulator
table tabellieren
table 1. Tabelle; 2. Tisch
~ **function** Tabellenfunktion
~ **handling** Tabellenbearbeitung
~ **of contents** Inhaltsverzeichnis
~ **title** Tafelüberschrift
tabletop computer Tischcomputer
~ **impact dot-matrix printer** Tisch-Matrixdrucker
tabular tabellarisch
~ **form** Tabellenform
tabulation Tabellierung
tabulator Tabulator
~ **character** Tabulatorzeichen
~ **composition** Tabellensatz *(DTP)*
tag Marke, Kennzeichen *(zur Identifikation)*
~ **field** Tag-Feld, Kennzeichenfeld
tagged markiert, gekennzeichnet
take nehmen; erfassen *(Meßwerte)*
take-off speed Ablaufgeschwindigkeit
talker Sprecher
tape Band, Streifen
~ **drive** Bandlaufwerk
~ **dump** Bandauszug
~ **file** Banddatei, Magnetbanddatei
~ **jam** "Bandsalat"
~ **reader** Streifenleser
~ **store** Bandspeicher, Magnetbandspeicher
~ **unit** Magnetbanspeichergerät
target 1. Ziel, Target; 2. Marke
~ **address** Zieladresse
~ **compilation** Zielkompilation
~ **computer** Zielcomputer
targeted markiert
task Task, Aufgabe
~ **creation** Taskerzeugung
~ **environment** Aufgabenumgebung
~ **library** Taskbibliothek
~ **linking** Taskverkettung
~ **scheduler** Ablaufauflister
teach-in Automatenlehrprogramm
teaching program Lehrprogramm
technical data technische Daten
telecommunication 1. Fernmeldetechnik; 2. Datenfernübertragung
telecopier Fernkopierer
teleprinter Fernschreiber
teleprocessing Fernverarbeitung *(von Daten)*, Datenfernverarbeitung
teleservice Teledienst
teletypeprinter Fernschreiber
temperature Temperatur
~ **range** Temperaturbereich
template Schablone
temporary temporär, zeitweilig, vorübergehend, Zwischen...
~ **stor[ag]e** zeitweiliger Speicher, Zwischenspeicher, Pufferspeicher *(nur kurzzeitig in Anspruch genommener Speicher)*
ten key block-keyboard Zehner-Blocktastatur
tentative search widerrufliche Suche *(KI)*
term Ausdruck
terminal Terminal, Sichtgerät, Datenstation; Datenendgerät ● **up to 4 terminals** bis zu vier Plätzen ● **with more than 4 terminals** mit über 4 Plätzen
~ **access** Zugriff zum Terminal
~ **keyboard** Terminaltastatur
~ **station** Datenstation
terminate beenden *(Programme)*
terminated beendet *(Programm)*
terminator Endekennung
ternary ternär, dreifach
test testen, prüfen
test program Prüfprogramm, Testprogramm
~ **routine** s. test program
~ **unit ready** Betriebsbereitschaft abfragen
text addition Textergänzung
~ **block** Textblock
~ **conversion program** Textkonvertierungsprogramm
~ **editing** Textbearbeitung, Textverarbeitung, Bearbeiten (Redigieren) von Texten
~ **-editing program** Textbearbeitungsprogramm, Textverarbeitungsprogramm, Texteditor
~ **editor** s. text-editing program
~ **file** Textdatei
~ **formatting program** Textformatierungsprogramm
~ **input** Texterfassung
~ **interpreter** Textinterpreter
~ **processing** Textverarbeitung
~ **recognition software** Texterkennungssoftware
TF s. trap flag
thanks danke!

theorem

theorem proving Theorembeweisen *(KI)*
thermal printer Thermodrucker
thermo-typewriter ribbon Thermofarbband
~-typewriter ribbon cartridge Thermofarbbandkassette
thick dick
thin dünn
~-film memory Dünnschichtspeicher
thread Faden, Programmfaden
threaded code Fadenkode
three-address ... Dreiadreß...
throughput Durchsatz *(Daten je Zeiteinheit)*
thumb wheel Rändelrad *(zur Positionseingabe)*
ticked brackets geschweifte Klammern
tiling Tiling *(Farbe wird im Grafikmodus durch ein bestimmtes Muster ersetzt)*
~ **window** *nichtüberlappende Rechtecke füllen die gesamte Darstellungsfläche auf dem Bildschirm aus*
time Zeit
~ **acquisition terminal** Zeiterfassungsterminal
~-consuming computing tasks zeitaufwendige Rechneraufgaben
~-critical zeitkritisch
~-critical threads zeitkritische Threads
~-multiplexed zeitgeschachtelt, zeitmultiplex
~ **response** Zeitverhalten
~-saving zeitsparend
~ **sequence diagram** Zeitablaufdiagramm
~ **sharing** Teilnehmerbetrieb, Zeit[an]teilverfahren *(zur Verarbeitung mehrerer Programme)*
~ **slice** Zeitscheibe
~ **slicing** Zeitmultiplex
timed entry call befristete Eingangsaufrufanweisung
timer Zeitgeber, Uhr, Timer; Zähler
~ **control** Zeitgebersteuerung
~ **input** Timereingabe
timing Timing, zeitlicher Ablauf; zeitliche Steuerung, Zeitsteuerung; Zeitverhalten
~ **loop** Warteschleife
~ **pulse** Taktimpuls

title Titel *(Fläche, die von der Überschrift des Fensters eingenommen wird)*
TLB *s.* translation lookaside buffer
toggle switch Umschalter
token Marke, Token
~ **bus** Token-Bus
~ **ring** Token-Ring
tokened tokenisiert
toner Toner *(für Printer und Plotter)*
too few items in list zu wenig Elemente in der Liste *(Fehlermeldung)*
~ **long** zu lang *(Zeilen)*
~ **small** zu klein, nicht ausreichend *(z. B. Speicherbereiche)*
tool Werkzeug; Gerät
toolkit Werkzeugbaustein
top Spitze; oberes Ende
~ **down** von oben nach unten
~-down design Top-down-Entwurf, Entwurf durch schrittweise Verfeinerung
~-down inference Top-down-Ableitung *(Strategie beim Ableiten von Aussagen aus einer Wissensbasis)*
~-down programming Top-down-Programmentwicklung, Top-down-Programmierung
~ **level** oberste Ebene
~ **margin** oberer Rand *(einer Seite)*
~ **of stack** Stackobergrenze, Spitze (Ende) des Stapels (Stacks); Startadresse im Stack, aktuelle Stackadresse
~ **of stack pointer** Stapelzeiger
TOS *s.* top of stack
touchscreen Kontaktbildschirm, Sensorbildschirm, Touchscreen *(ein auf Fingerberührung reagierender Bildschirm)*
tower Turmcomputer, Untertischcomputer
TPA *s.* transient program area
tpi *s.* tracks per inch
trace schrittweise verfolgen
trace 1. Spur; 2. Einzelschrittbetrieb
tracer Protokollprogramm
tracing Ablaufverfolgung
~ **ball** Rollkugel *(zur Festlegung von Positionen)*
~ **program** Protokollprogramm
track Spur *(einer Diskette)*
~ **ball** Trackball *(Mausknopf an Laptops)*
~ **format** Spurformat

tracks per inch Spuren je Zoll *(als Maßeinheit für Spurendichte auf Disketten)*
tractor-feed mechanism Raupenvorschubmechanismus, Traktorvorschubmechanismus
trad-off Kompromiß[lösung]
traditionel character I/O function traditionelle (herkömmliche) zeichenorientierte Eingabe-Ausgabe-Routine
trailer [label] Nachsatz *(an Bändern)*, Schlußetikett
transceiver 1. Sender und Empfänger *(als Einheit)*; Bustreiber
transfer einfügen *(Daten)*
transfer Übertragung; Übergang
~ **address** Zieladresse
~ **order** Transportbefehl
~ **path** Übertragungsweg
~ **statement** Übertragungsanweisung
transform umformen, umwandeln, transformieren
transient kurzzeitig, transient
~ **module** transienter Modul
~ **program area** Bereich für transiente Programme
transition Übergang
~ **matrix** Übergangsmatrix
translate übersetzen; umkodieren
translation Übersetzung
~ **lookaside buffer** Adreßübersetzungscache
transmission Übertragung
~ **control character** Übertragungssteuerzeichen
~ **error** Übertragungsfehler
transmit übertragen
transmitter Sender
transport layer Transportebene, Transportschicht
transputer Transputer
trap Falle; Laufzeitfehler
~ **flag** Auslöseflag
trapdoor "Falltür" *(Fehlerintegration in Systeme analog zu Viren)*
tray Magazin
treat behandeln
tree Baum
~ **structure** Baumstruktur *(z. B. einer Datei)*
trial Erprobung; Versuch
~ **run** Probedurchlauf
trim trimmen
trimmed sizes of paper Papier-Endformate

tristate driver Tristate-Treiber *(Treiber mit Dreizustandsausgang)*
~ **output** Tristate-Ausgang, Dreizustandsausgang
troubleshooting problem Fehlersuchproblem
true richtig; wahr, zutreffend
~**-font display** Echtschriftdarstellung *(auf dem Bildschirm analog zum späteren Druck)*
truncate abschneiden, abbrechen
truncation Abschneiden, Weglassen, Abbruch
~ **condition** Abbruchbedingung
~ **error** Abbrechfehler
tuple Tupel
turn [sich] drehen
turn-off delay Abschaltverzögerung
turquoise türkis[farben]
turtle Schildkröte *(zur Markierung von Spuren auf dem Grafikbildschirm)*
~ **heading** Richtung der Schildkröte
~ **out of bounds** Schildkröte außerhalb der Grenzen
~ **position** Position der Schildkröte
~ **state** Status der Schildkröte
twisted pair verdrillte [elektrische] Leitung, verdrilltes Leitungspaar
two-column zweispaltig *(Seiten, Formate)*
~**-level demand-paged memory management** mit Speicherseitenverwaltung in zwei Ebenen
~**-phased transaction** Zweiphasentransaktion
type eingeben, eintasten
type 1. Typ, Bauart; 2. Type, Letter
~ **ahead buffer** Tastatur[zwischen]puffer, Zeichenpuffer
~ **declaration** Typvereinbarung
~ **font** Schriftart
~ **mismatch** falscher Datentyp
~ **name expected** Datentyp erwartet
~ **wheel** Typenrad
typeface Schrift, Schriftbild
~ **listtypeset** setzen *(Texte)*
typesetting Satz, Setzen *(Texte)*
~ **code** Satzkode
~ **computer** Satzrechner
~ **program** Satzprogramm
typewriter Schreibmaschine
~ **working place** Schreibmaschinen-Arbeitsplatz
typing error Tippfehler
~ **time** Schreibzeit

typographic

typographic instruction Satzanweisung *(DTP)*

U

UART = universal asynchronous receiver transmitter *(Baustein, z. B. Intel 8250 UART von IBM)*
UF s. user fault tolerance
ultralight ultraleicht *(Schrift)*
ultraviolet ultraviolett, Ultraviolett..., UV-...
unacknowledged connectionless service nichtbestätigter verbindungsloser Dienst
unassigned nicht zugeordnet
unbalanced unabgeglichen; unsymmetrisch
unbuffered ungepuffert
unconditional jump unbedingter Sprung
~ **jump instruction** unbedingter Sprungbefehl
~ **statement** unbedingte Anweisung
~ **transfer** unbedingter Sprung
unconditioned jump unbedingter Sprung
uncontrolled reference word set unkontrollierter Referenzwortschatz
undebugged noch fehlerbehaftet, noch nicht fehlerfrei gemacht
undefined undefiniert, nicht definiert
~ **opcode** nicht definierter Operationscode
~ **symbol** undefiniertes (nicht definiertes) Symbol
~ **value** undefinierter Wert
underflow Unterschreitung, Bereichsunterschreitung
underlay unterlegen
underline unterstreichen
underlining Unterstreichung
unexpected unerwartet
unformatted formatfrei, unformatiert
unification Unifikation *(KI)*
uninterruptable power supply unterbrechungsfreie Stromversorgung, USV
~ **power system** ununterbrechbares (nicht unterbrechbares) Stromversorgungssystem
unit 1. Einheit, Maßeinheit; 2. Gerät, Apparat

~ **already open** [logische] Einheit ist bereits aktiv
universal universal, Universal..., Mehrzweck...
unknown command unbekanntes Kommando
~ **error** unbekannter Fehler
~ **quantity** unbekannte Größe
~ **user function** unbekannte Nutzerfunktion
unlabeled nichtmarkiert, nicht etikettiert
~ **file** Datei ohne Kennsätze
unlock freigeben *(z. B. Datenbereiche)*
unlocking Aufheben der Sperre
unmapped vorhanden aber unsichtbar
unmatched ungleich, unpaarig
unnamed file unbenanntes Programm
unnormalized floating point unnormalisiertes Gleitkomma
unpack entpacken *(Daten)*
unresolved ungelöst
unsigned vorzeichenlos *(Zahlen)*
~ **bit** vorzeichenloses Bit
unused nicht benutzt, unbenutzt
up oben
update aktualisieren, ändern
update Aktualisierung *(von Programmen)*
~ **program** Änderungsprogramm
~ **routine** Änderungsprogramm
updating Ändern, Aktualisieren
upgrade 1. verbessern, die Qualität erhöhen; 2. anbauen, steigern
upgrade 1. Verbesserung, Qualitätserhöhung; 2. Steigerung
upgraded verbessert
upload laden *(Programme)*
upper case oberes Zeichen, obere Stellung
UPS s. 1. uninterruptable power system; 2. uninterruptable power supply
upward[s] aufwärts, Aufwärts...
~ **compatibility** Aufwärtskompatibilität *(von Programmen)*
~ **compatible** aufwärtskompatibel *(Programme)*
usable on two sides zweiseitig verwendbar *(Disketten)*
use verwenden, gebrauchen, benutzen
user Teilnehmer; Benutzer, Nutzer, Anwender
~ **data file** Benutzerdatei
~ **documentation** Benutzerdokumentation

77

- **experts report** Anwendergutachten
- **fault tolerance** Anwenderfehlertoleranz
- **file** Benutzerdatei
- **~-friendly** anwenderfreundlich, [be]nutzerfreundlich
- **identifier** Benutzerkennwort
- **interface** Anwenderschnittstelle
- **~-oriented** benutzerorientiert, anwenderorientiert
- **program** Anwenderprogramm, Nutzerprogramm
- **~-programmable** anwenderprogrammierbar, nutzerprogrammierbar
- **register** Anwenderregister
- **variable** Nutzervariable

using one or two sides ein- oder zweiseitig verwendbar
- **one side** einseitig verwendbar *(Disketten)*

utilities Dienstprogramme
utility [program] Dienstprogramm

V

V-flag Überlaufflag
V24-interface V24-Schnittstelle *(Schnittstellennorm für serielle Signale)*
valid address gültige Adresse
- **bit** Gültigkeitsbit
- **data** gültige Daten

validate prüfen *(Programme auf Gültigkeit)*
valuator Wertgeber
value Wert
- **error** Fehler im Operanden
- **receive name** Empfangsname
- **set** Wertmenge

variable variabel, veränderlich
variable Variable, Veränderliche
- **identifier** Variablenbezeichnung; Variablenname
- **~-length item** Datenwort mit variabler Länge
- **name** Variablenname
- **record length** variable Datensatzlänge
- **speed feature** variable (verschiedene) Geschwindigkeiten

variant Variante
- **field** variantes Feld
- **protocol** variantes Protokoll
- **type** varianter Typ

visibility

vary variieren, verändern, schwanken
VDU *s.* visual display unit
velocity Geschwindigkeit
verification Beweisen; Prüfen, Prüfung
verify [über]prüfen
vertical vertikal, Vertikal..., senkrecht
very fine sehr klein
- **large** sehr groß, Höchst..., höchst integriert *(Schaltkreise)*

VF *s.* V-flag
VGA *s.* video graphics array
video Bildsichtgerät
- **amplifier** Videoverstärker
- **cassette** Videokassette
- **controller** Bildschirmcontroller
- **data terminal** Datensichtstation
- **disk** Video[speicher]platte, Bild[speicher]platte
- **display unit** Datensichtgerät, Datenterminal
- **game** Videospiel
- **graphics array** Farbvideo-Adapter, Video-Graphics-Array *(Standard für die Auflösung von Computerbildschirmen)*
- **graphics display** Bildschirm für grafische Anzeige
- **image** Videobild
- **monitor** Bildschirm
- **telephone** Bildtelefon, Videotelefon

videocard Videokarte
videotex decoder Bildschirmtextdekoder
view field address Sichtfeldadresse
viewport Darstellungsfeld, Viewport *(Teil des Zielkoordinatensystems, auf den das Window abgebildet ist)*
violation Verletzung
violet violett
virgin ungelocht *(Streifen)*; frisch *(Datenträger)*; fabrikneu
virtual virtuell
- **address** virtuelle Adresse
- **device interface** virtuelle Geräteschnittstelle
- **file** virtuelle Datei
- **filestore** virtueller Datenspeicher
- **interface** virtuelle Schnittstelle
- **memory** virtueller Speicher
- **method** virtuelle Methode
- **terminal service** virtueller Terminaldienst

visibility Sichtbarkeit
- **rule** Sichtbarkeitsregel
- **statement** Sichtbarkeitsanweisung

visible

visible sichtbar
visual Sicht...
~ **display** Sichtanzeige
~ **display unit** Datensichtgerät, Terminal
~ **record** optische Darstellung
~ **representation** visuelle Darstellung
visualisation Visualisierung, Sichtbarmachung
VM s. virtual memory
voice Sprache
~ **channel** Sprachkanal
~ **mail** elektronischer Briefkasten
~**-operated** sprachgesteuert
~ **synthesizer** Sprachsynthesizer, Sprachgenerator
volatile memory flüchtiger Speicher
voltage *(elektrische)* Spannung
volume Datenträger
~ **label** Datenträgerkennsatz, Datenträgeretikett
VTS s. virtual terminal service

W

wafer Siliciumscheibe, Wafer
wait warten
wait Warte...
~ **list** Warteliste
~ **loop** Warteschleife
~ **state** Wartezustand
~ **time** Wartezeit
waiting Warten
walkthrough Durchsicht *(zur Fehlersuche)*
WAN s. wide area network
warm boot Warmstart, Neustart
~ **start** s. warm boot
watch Beobachtungsfeld, Watch-Feld
WC s. world coordinates
weak name clash schwacher Namenskonflikt
weakly visible schwach sichtbar
wet feucht, naß
what was
wheel printer Typenraddrucker
where wo
while während, solange
WHILE-loop [abweisende] Schleife, WHILE-Schleife
white weiß
whole words only nur ganze Wörter
wide breit, Breit...; weit, Weit...

~ **area network** Netz für weite Entfernungen, WAN
wideband integration Breitbandintegration
~ **network** Breitbandnetz
~ **switched network** Breitbandvermittlungsnetz
width 1. Breite; 2. Strichdicke
wildcard Jokerzeichen *(Suchbegriff)*
~ **character** Dateigruppenzeichen
winchester disk Winchesterplatte
window Fenster, Window *(im Bildschirm)*
~ **library** Windowbibliothek
~ **manager** Fenstersystem, Window-Manager
~ **stack** Window-Stack *(Speicher zum Verwalten der Fensterdefinitionen in einem Stapel)*
windowing Fenstertechnik, Ausschnittdarstellung, Windowing
wire Draht
wired verdrahtet
with clause with-Klausel
word Wort *(= 16 Bits oder 4 Nibbles oder 2 Bytes)*
~ **address register** Wortadreßregister
~**-addressed** wortadressiert *(Speicher)*
~ **boundary** Wortgrenze
~ **field** Wortfeld
~ **generator** Wortgenerator
~ **integer** ganze Zahl im Wortformat
~ **is too long** das Wort ist zu lang *(Fehlermeldung)*
~ **length** Wortlänge
~**-organized** wortorganisiert *(Speicher)*
~**-oriented** wortorientiert
~ **processing** Textverarbeitung; Wortverarbeitung
~**-processing equipment** Text[verarbeitungs]automat
~**-processing program** Textverarbeitungsprogramm
~**-processing station** Textverarbeitungsplatz
~**-processing system** Textverarbeitungssystem
~ **set** Wortschatz
work arbeiten
work Arbeit
~ **area** Arbeitsbereich
~ **file** Arbeitsdatei, Arbeitsfile
~ **space** Arbeitsraum *(im Speicher)*

~ **stage** Arbeitstisch
~ **station** Arbeitsplatzrechner, Workstation
workbench Workbench, Benutzeroberfläche
working buffer Arbeitspuffer
~ **stor[ag]e** Arbeitsspeicher
world coordinates Weltkoordinaten, WK
worst case ungünstigster Fall; ungünstigster Wert
woven fabric ribbon Gewebeschreibband
WP *s.* word processing
wrap [automatisch, rechnergestützt] umbrechen *(DTP)*
wraparound endlos *(Eingabe fließend, Programm einschließlich Silbentrennungsprogramm übernimmt Gestaltung der Zeile)*
write schreiben *(Daten)*; ausdrucken
~ **buffer** Puffer schreiben
~ **data into the memory** Daten einschreiben *(in den Speicher)*
~-**read** schreiben und lesen
~ **sequentially** sequentiell schreiben *(Datensätze)*
~ **through** ständig schreiben
write Schreib... *(s. a. unter* writing*)*
~ **access** Schreibzugriff
~ **bus** Schreibbus
~ **command** Schreibbefehl
~ **control** Schreibsteuerung
~ **cycle** Schreibzyklus
~ **enable** Schreibfreigabe, Freigabe, zum Einschreiben
~-**enable buffer** Schreibfreigabepuffer
~ **function** Schreibfunktion
~ **head** Schreibkopf
~ **lock** Schreibsperre
~ **protect notch** Schreibschutzkerbe *(einer Diskette)*
~-**protected** schreibgeschützt *(Disketten)*
~ **protection** Schreibschutz *(für Disketten)*
~ **rate** Schreibgeschwindigkeit
~ **statement** Schreibanweisung
writing Schreib... *(s. a. unter* write*)*
writing Schreiben, Einschreiben
~ **rate** Schreibgeschwindigkeit
~ **speed** *s.* writing rate
wrong disk falsche Diskette *(Fehlermeldung)*
WS *s.* working stor[ag]e

WYSIMOLWYG = what you see is more or less what you get *(in Anlehnung an WYSIWYG, jedoch wird das Produkt nur annähernd wiedergegeben)*
WYSIWYG = what you see is what you get *(Druckbild entspricht der Bildschirmdarstellung)*
WYSIWYG screen WYSIWYG-Bildschirm

X

x-axis X-Achse
xecute *s.* execute
xerography Xerografie

Y

y-axis Y-Achse
yellow gelb
~ **cable** Ethernet-Koaxialkabel *(benannt nach der gelben Schutzhülle)*
you must insert the destination disk Zieldiskette einlegen *(Befehl)*
~ **must insert the source disk** Quelldiskette einlegen *(Befehl)*

Z

zero nullen
zero Null
~-**access** ohne Zugriffszeit *(Speicherung)*
~ **access** Nullzugriff *(Zugriff ohne Verzögerung)*
~-**address** adressenlos
~ **address** Nulladresse
~ **bit** Nullbit
~ **division** Division durch Null
~ **flag** Nullflag, Z-Flag
~ **page** Seite Null
~-**page addressing** Seite-Null-Adressierung, Nullseitenadressierung
~ **state** Nullzustand
~ **suppression** Null[en]unterdrückung
ZF *s.* zero flag
zipcode Postleitzahl
zone bit Zonenbit
zoom heranrollen, heranholen, Darstellung vergrößern, zoomen

zoom

zoom factor Zoomfaktor, Vergrößerungsfaktor
~ **function** Zoomfunktion
~ **window** Zoomfenster

zooming Zooming, dynamisches Skalieren *(Verkleinerung oder Vergrößerung geometrischer Formen besonders bei CAD-Systemen)*